おいしそうな文学。

群像編集部／編　　講談社

おいしそうな文学。もくじ

充実した人生の象徴　江國香織　6
カカヨママタケ　枝元なほみ　10
一〇〇年前の台所　粥川すず　16
富士日記の味　木村衣有子　22
その枇杷　くどうれいん　26
おいしいにはりついて　斉藤倫　30
腐れ縁の食べものと　最果タヒ　34
枇杷のシャーベット　向坂くじら　38
味を呼び戻す　関口涼子　42
野菜がほしくなる　武塙麻衣子　46
ウィンドウズ・オン・ザ・ワールド　田中知之　50
あなたの肉体とわたしの辛ラーメン　崔実　54
この世のものならぬ饗宴　中条省平　58
おいしさの気配　土井善晴　62

空腹の空想　奈倉有里　66
おいしくても、まずくても、　野村由芽　70
魅惑のミントジュレップ　花田菜々子　74
戦場で頬張《ほおば》る塩の味　原　武史　78
ペリーヌの卵とパン　原田ひ香　82
自然薯　平松洋子　86
西瓜糖のない日々　藤野可織　90
たくさんたくさん食べる　穂村　弘　94
雨と傘とサンドキッチ　堀江敏幸　98
BIG揚げせんいか&みりん　益田ミリ　102
心の飯　町田　康　106
台湾、母娘三代の食をめぐる記憶　三浦裕子　110
二百グラムのパン　宮内悠介　114
チー坊効果　宮崎純一　118
ウサギの心臓　山崎佳代子　122

装画　てらおかなつみ
装丁　岡本歌織（next door design）

おいしそうな文学。

充実した人生の象徴

江國香織

庄野潤三さんの小説にはおいしそうなものがたくさんでてくるのだが、それらはいたって普通のものだ。とりわけ豪華なわけではないし、珍しい食材が使われていたりもしない。サンドイッチとかきつねうどんとか、素朴な、言ってしまえばありふれたものたち――。それなのに、なのだ。庄野さんの小説のなかで、それらは日常的であるが故に尊く、身にしみておいしそうで、うっとりするほど印象的だ。たとえばだるま市の帰りに、生田駅前の店で毎年決ってたべる「たんめん」（毎年決ってというところが大事だ）。東京での宝塚観劇の帰りによく行くニュートーキョー二階の「さがみ」の「さがみ御膳」や、「立田野」でたべる甘いもの（これらは家族がたのしみにしている観劇というイヴェントの、あとにひかえるさらなるたのしみなので高揚感に満ちている。あるときは「われわれ年長組は『まめかん』を食べる。フーちゃんはいなか汁粉」なのだし、またべつなときには「ヤングとシニアーと二つのテーブルに別れて坐り、それぞれ好きなものを註文して食べる。シニアー組はいつもの豆かん。」だったりする)。いつも庭の手入れにくる「南武造園の大沢」のために妻がつくる「さつま汁」や「きつねうどん」もおいしそうだし、「友人の村木」から届くたまねぎや、「三浦哲郎」が送ってくれるりんごは新鮮そうだ。ともかく驚くほどたべもののやりとりの多い人々で、「近所に住む清水さん」から「手作りのコーヒーゼリー」が届くかと思えば、清水さんの娘さんが婚約したときには、両家の顔合せの席に庄野家から妻の手製の「北京ぎょうざ」を届けるのだし、「お隣の相川さん」からは「ピラフ」や「煮物」が、「広島に住む妻の姉」からは「でびらガレイ」が、「静岡の読者」からは「新茶」が届く。それらは季節の便りであり敬愛のしるしであり、互いの健康を願って為される喜びの交歓なのだ。

そして、大阪旅行。この一家はお墓参りのためにたびたび大阪に出掛けるのだが、かの地でたべるものもだいたいにおいて決っていて、この、決っているということの安心と嬉しさが小説からにじみでて、こちらの胸にまでしみじみと伝わる。せっかく大阪にいるのになぜか「東京竹葉亭」の「鰻会席」をたべるのもユニークだし、ホテルのレストラン「アルメリア」での朝食も、新大阪駅に売っているという「八角弁当」も、読むたびに胸が躍る。最高峰は行きの新幹線の車中でたべる「サンドイッチとコーヒー」の昼食で、これが大阪行きのときの「たのしみ」だと複数の作中でたびたび語られる。まだまだたくさんあるのだが、大切なのは心持ちであり状況の幸福さであり生活の手ざわりであり、そのたべものと共に在る人々なのだ。

奇をてらわない、まっとうなたべものたち。庄野文学においてそれらは充実した人生の象徴であり、私にはひとつずつが、まぶしく輝かしく見える。

江國香織（えくに・かおり）
1964年東京都生まれ。1992年『きらきらひかる』で第2回紫式部文学賞、2002年に『泳ぐのに、安全でも適切でもありません』で第15回山本周五郎賞、2004年に『号泣する準備はできていた』で第130回直木賞、2007年に『がらくた』で第14回島清恋愛文学賞、2010年に『真昼なのに昏い部屋』で第5回中央公論文学賞、2012年に「犬とハモニカ」で第38回川端康成文学賞、2015年に『ヤモリ、カエル、シジミチョウ』で第51回谷崎潤一郎賞など数々の文学賞を受賞。著書として、小説に『つめたいよるに』『神様のボート』『東京タワー』『抱擁、あるいはライスには塩を』『彼女たちの場合は』『去年の雪』『ひとりでカラカサさしてゆく』『シェニール織とか黄肉のメロンとか』『川のある街』など、エッセイ集に『旅ドロップ』『読んでばっか』など、その他詩集、童話、翻訳など多彩なジャンルで活躍。

充実した人生の象徴

江國香織

カカヨママタケ

枝元なほみ

少しお腹が空いてくるような時間に友人伊藤比呂美と、これまで美味しそうだと思ったものを順にあげながらおしゃべりをしていた。

伊藤は言い放った。断然「カカヨママタケ」だよ！

石牟礼道子さんの『苦海浄土』にあるその一連が何しろうまそうである！

「かかよい、飯炊け、おるが刺身とる。」

それが呪文みたいだった「カカヨママタケ」の正体だった。

夫婦二人で操って漁に出る小舟には「こまんか鍋釜のせて、七輪ものせて、茶わんと皿といっちょずつ、味噌も醬油ものせてゆく。そしてあねさん、焼酎びんも忘れずにの

せてゆく。」エベスさまがついて漁にも恵まれ、ずいぶんと流された沖から浜に戻ろうとするが、

「そういう朝にかぎって、あの油凪ぎに逢うとでござす。／不知火海のベタ凪ぎに、油を流したように凪ぎ渡って、そよりとも風の出ん。（中略）さあ、そういうときが焼酎ののみごろで。」

「かかは米とぐ海の水で。／沖のうつくしか潮で炊いた米の飯の、どげんうまかもんか、あねさんあんた食うたことのあるかな。そりゃ、うもうござすばい、ほんのり色のついて。かすかな潮の風味のして。（中略）鯛の刺身を山盛りに盛りあげて、飯の蒸るるあいだに、かかさま、いっちょ、やろうかいちゅうて、まず、かかにさす。」

獲れたての魚から一番を選んで船端で拵《こしら》えた刺身と沖の海水で炊いた飯、そして焼酎。夫婦二人。

さぞやさぞや、うまかろう。

「いまは我が舟一艘の上だけが、極楽世界じゃのい。」陽のさす小舟の上、油凪ぎのよ

うに平和で穏やかで満ち足りた極楽世界。天上の飯。

不知火海を地図に探すと、宇土半島や下島、長島や小さな島々が天然の防波堤となって、幾重にも外海から守られていることに気づく。それゆえの穏やかさ、そしてそれゆえにこそ毒を外海に流すことなく溜めて、その平穏な暮らしに水俣病が生まれた。


ある時、伊藤に誘われて石牟礼さんをリスペクトする仕事旅に出た。

廃校になった小学校の教室で地元の女性たちに料理を教わり、私も海端の直売所で見かけたものを料理し、撮影をした。そしてその後、その料理を石牟礼さんに届けに行くことになった。なんとも光栄なことに、石牟礼さんは伊藤のリクエストでもあった炊き込みご飯を用意してくださった。石牟礼さんご自身が口絵の料理を作られている『食べごしらえ　おままごと』に見たような、心を尽くした丁寧で優しい味だった。さらさらと胃の腑《ふ》に落ちていくご飯だった。

私が持参したのは、キビナゴをダイダイの搾り汁で締めて、塩と少しの椿油を垂らしたマリネだった。ダイダイは、道端の木々に蜜柑色の灯りを灯したようにあちこちで見かけた。

椿油の搾油工房を見せていただいたのは、椿の原生林を見にいった後だ。海に向かってたつ椿の幹は海風に吹かれて、仙人の杖のようにねじれていた。無色透明ながらしっかりした重さのある油、料理にも使うのだと聞いた。

2〜3センチの小さなマメ牡蠣の美味しさも忘れられない。剝《む》き身になってけっこうな量がパックに入って売られていた。獲る手間を考えたら本当に申し訳ないくらいの値段で、私は初めて見たそのマメ牡蠣に飛びついた。生姜を合わせて酒とみりんと醤油でさっと煮て、たっぷりとご飯にのせた。得意のオイル漬けにもした。東京に戻って、なんとかもう一度そのマメ牡蠣を手に入れたいと思ったが、傷みやすいその小さな牡蠣を送ることなどは到底、叶わなかった。

その土地の気候風土、風や潮や陽に育まれ、獲る手間を厭《いと》わぬ働き手がいるからこそ得ることのできる、その地でしか食べられないもの。

そして〈足るを知る〉の言葉通りに、海とともに慎ましく、善良で働き者だったものたちの声を掬《すく》う石牟礼さんの言葉のなんときめ細やかなことか。

「あねさん、魚は天のくれらすもんでござす。天のくれらすもんを、ただで、わが要ると思うしことって、その日を暮らす。／これより上の栄華のどこにゆけばあろうかい。」

15

カカヨママタケ

枝元なほみ

枝元なほみ（えだもと・なほみ）

1955年神奈川県生まれ。劇団転形劇場で役者兼料理主任をつとめ、無国籍レストラン「カルマ」のシェフなどを経て、料理研究家としてテレビや雑誌などで活躍をつづける。農業支援活動団体である社団法人「チームむかご」を立ち上げ、NPO法人「ビッグイシュー基金」の理事も務め、雑誌「ビッグイシュー日本版」では連載も執筆。2020年に、フードロスと貧困問題の解決にチャレンジするため、営業時間終了直前に売り切れなかったパンを引き取って、同雑誌の販売員や、そのほか仕事がない人たちが販売する仕組みを実践する「夜のパン屋さん」をスタートする。著書に『枝元なほみのめし炊き日記：人生なんとかなるレシピ』など多数。

一〇〇年前の台所

粥川すず

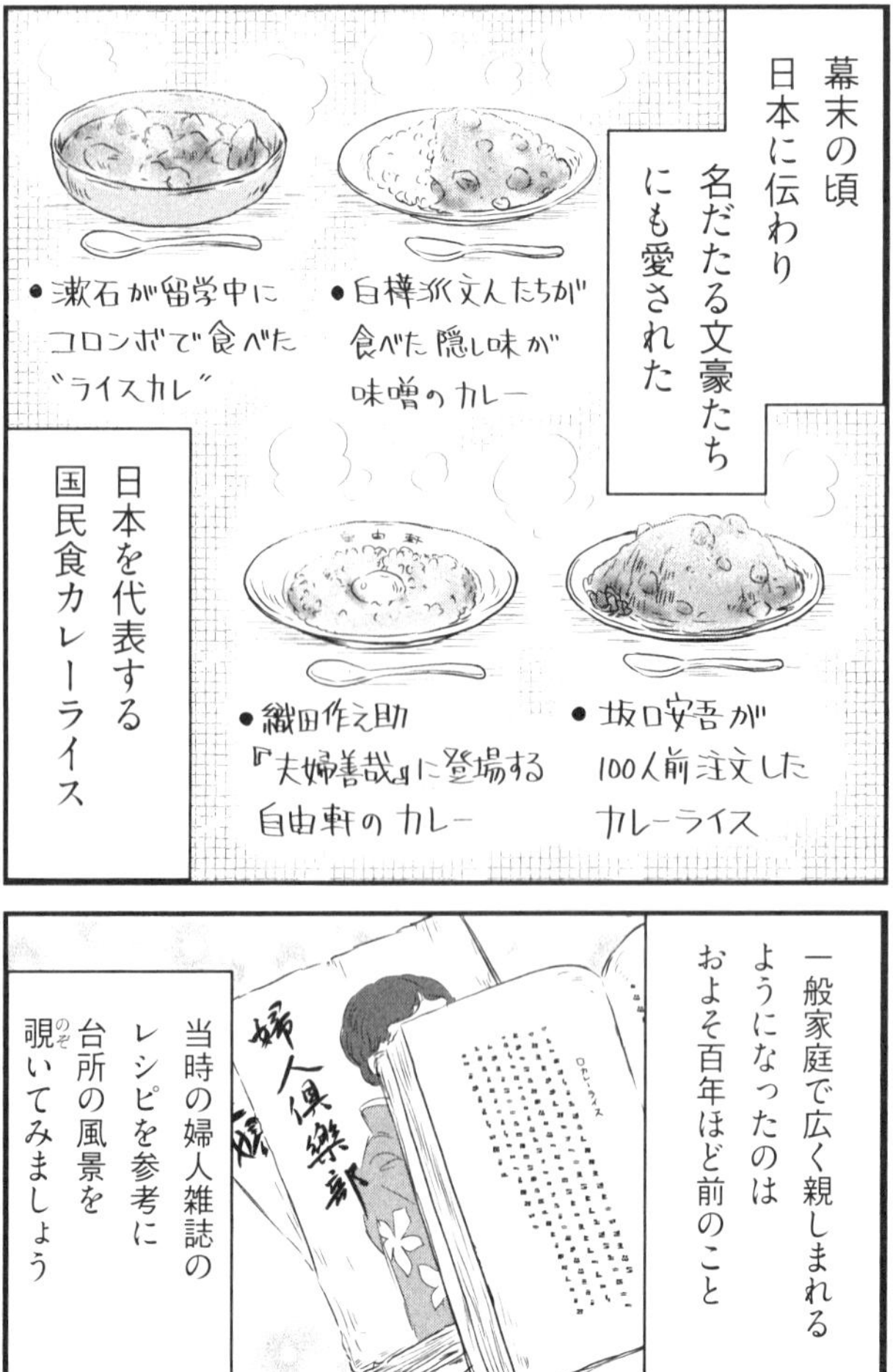
幕末の頃
日本に伝わり
名だたる文豪たち
にも愛された
●白樺派文人たちが
食べた隠し味が
味噌のカレー
●漱石が留学中に
コロンボで食べた
"ライスカレ"
●坂口安吾が
100人前注文した
カレーライス
●織田作之助
『夫婦善哉』に登場する
自由軒のカレー
日本を代表する
国民食カレーライス
一般家庭で広く親しまれる
ようになったのは
およそ百年ほど前のこと
当時の婦人雑誌の
レシピを参考に
台所の風景を
覗《のぞ》いてみましょう
婦人倶樂部

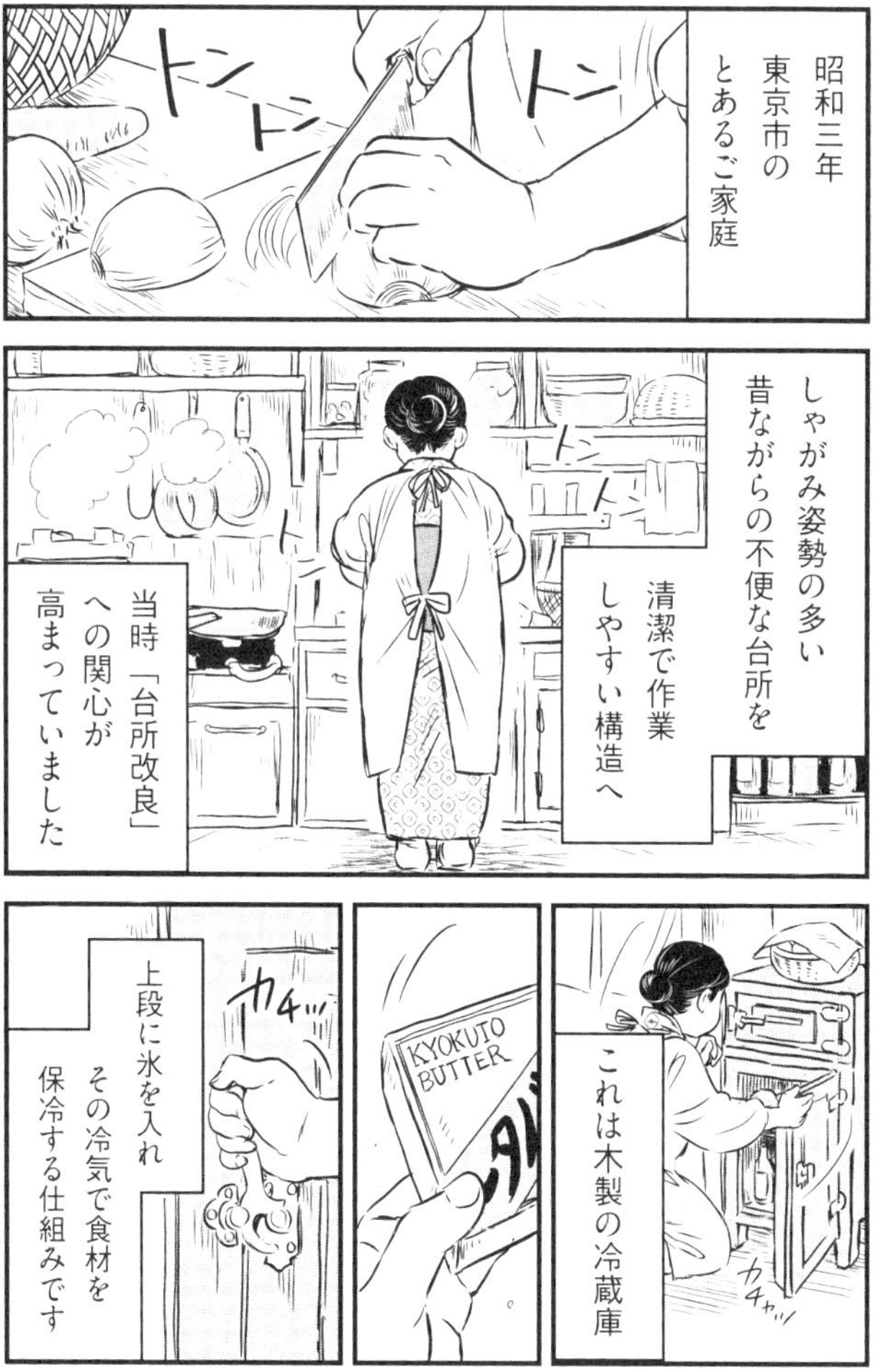

一〇〇年前の台所

粥川すず

シュッ
ボッ
薪《まき》を使うかまどに比べ
作業能率がぐんと
上がるガス設備
ジュワ…
このころ都市部の
一般中流家庭にまで
普及しつつありました
まずはバターで玉ねぎ
をしっかり色づくまで
炒《いた》めます
ジャアアアア…
ホームカレー粉
ぱっ

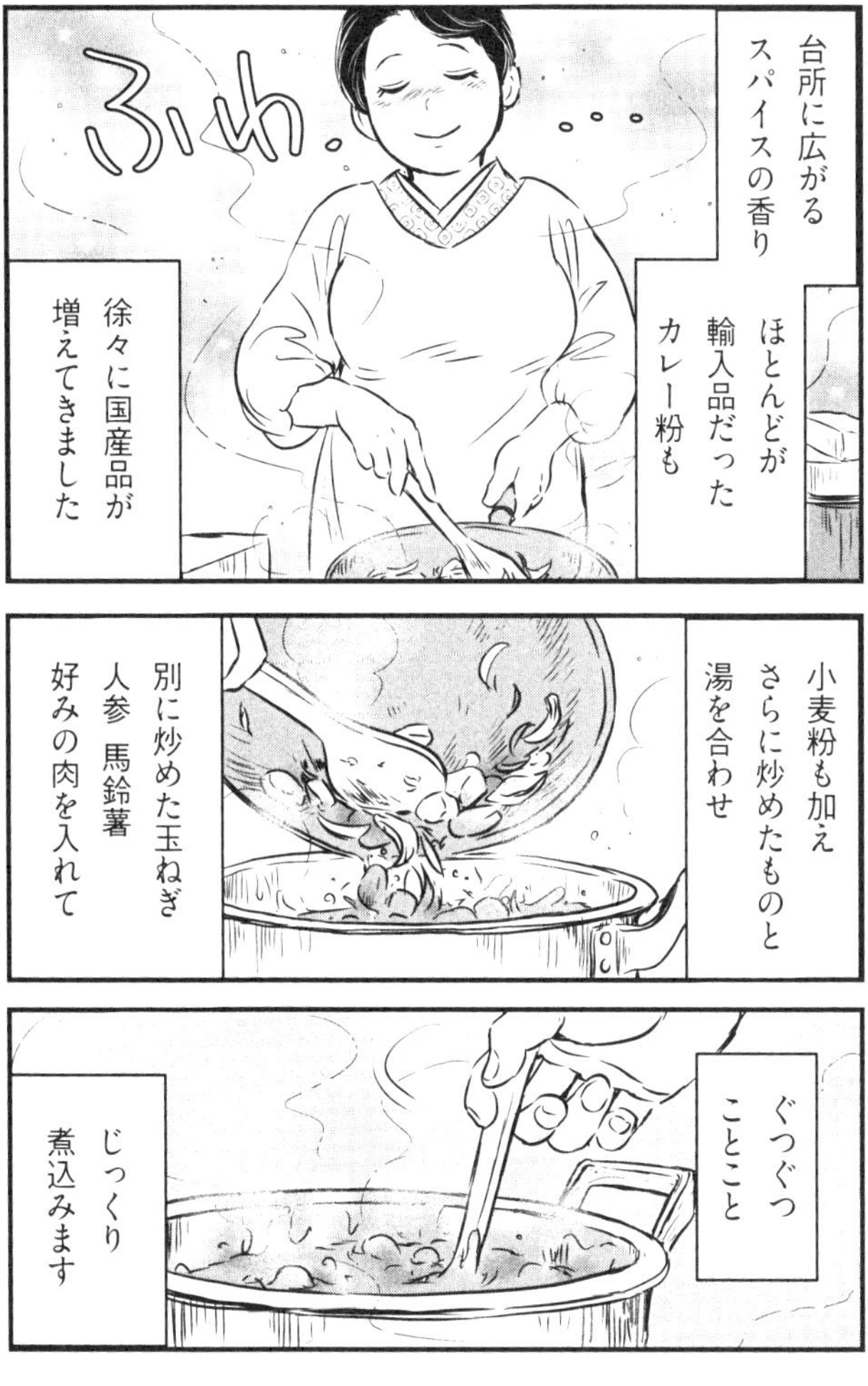
台所に広がる
スパイスの香り
ふわ…
ほとんどが
輸入品だった
カレー粉も
徐々に国産品が
増えてきました
小麦粉も加え
さらに炒めたものと
湯を合わせ
別に炒めた玉ねぎ
人参　馬鈴薯
好みの肉を入れて
ぐつぐつ
ことこと
じっくり
煮込みます

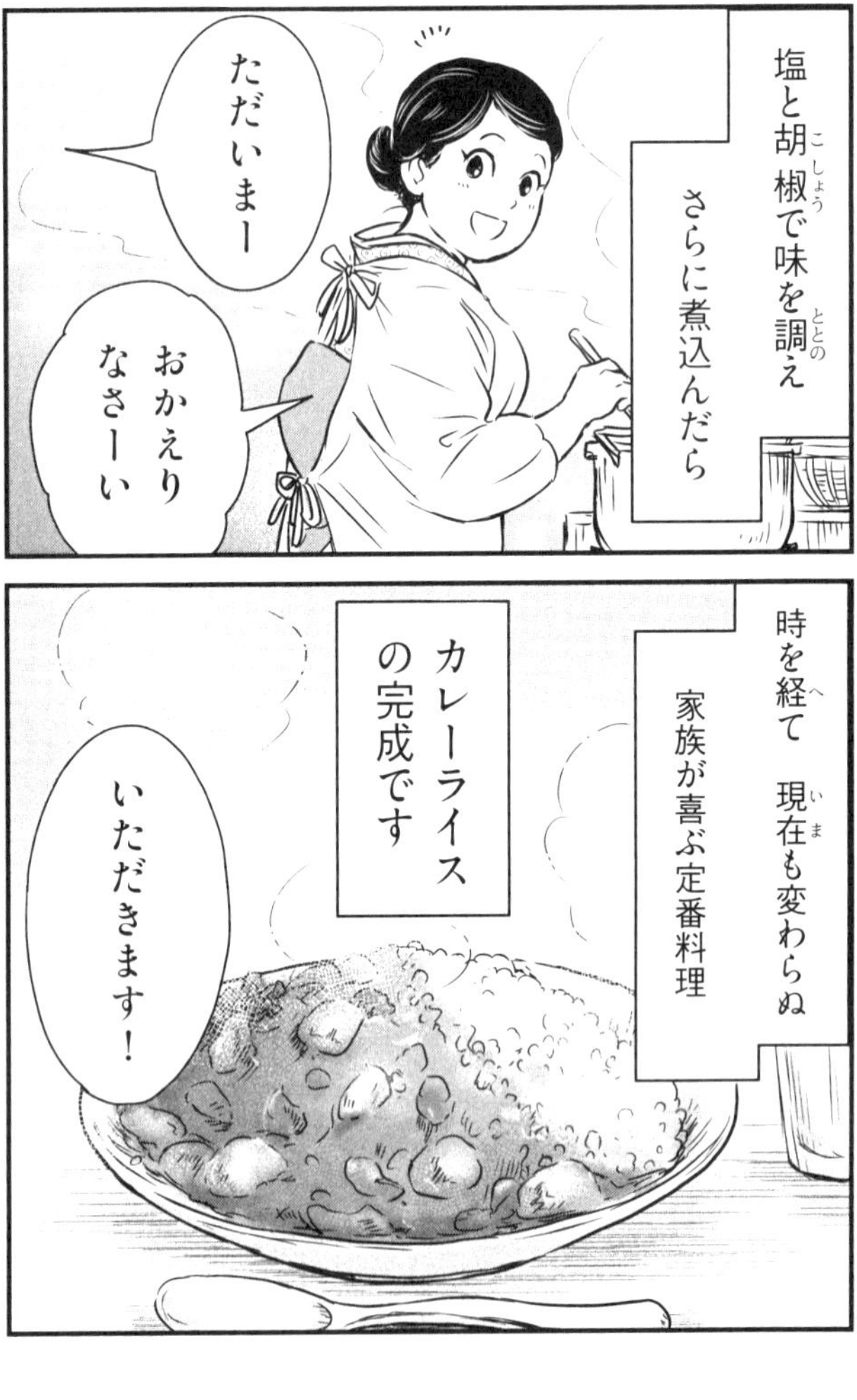
塩と胡椒《こしょう》で味を調《ととの》え
さらに煮込んだら
ただいまー
おかえりなさーい
時を経《へ》て　現在《いま》も変わらぬ
家族が喜ぶ定番料理
カレーライスの完成です
いただきます！

粥川すず（かゆかわ・すず）

漫画家。2019年に『コリン先生随行録』で第76回ちばてつや賞一般部門入選。明治・大正・昭和初期の庶民文化を愛し、近代学生文化・旧制高校に心惹かれる。著書に『エリートは學び足りない』『大正學生愛妻家』がある。

一〇〇年前の台所

粥川すず

富士日記の味

木村衣有子

武田百合子『富士日記』にある、1970年5月26日の昼食はこんなふう。

「昼　ごはん、小鯛煮付（にんにくとしょうがを入れて甘辛く、しこしこに煮たら、これが中華料理のようでおいしい）、海苔、たけのことわかめの味噌汁。」

献立を書き留めていれば、翌年の同じ季節のメニューを考えるときに、そして体調の観察に役立つ。家庭内料理人であればなおのこと。だから、おいしかったものだけではなく、まずかったものについても百合子は書き付けている。たとえば、完熟しているとみて買い求めたプラムをいざたべてみて「おどろいた、このまずさ!!」などと。その描写は露悪的でなく、失敗を繰り返してはならぬ、との決意に満ち満ちている。

食堂でたべたごはんの記録もそういった備忘録のはずなのだけれど、百合子は、周りにいる他のお客たちの様子、お店の人たちの人間関係までをも仔細《しさい》に書き込む。貪欲だ。しかし不思議と嫌味がない。私もそうありたい。

『富士日記』をはじめて読んだときの私は30歳になるかならないかで、この日記をつけはじめた百合子よりも10歳ばかり年若かった。それから20年近く、折にふれて読み続けている。富士桜高原に山荘を建てて東京は赤坂との二拠点居住をしようと決めた夫・泰淳は百合子の13歳上だから、まだ、日記の冒頭の彼の年齢に私は追いついていない。そういえば、百合子のレパートリーに「木須肉」など中華料理が目立つのは、泰淳の根っこには青年時代からの中国文学研究があるゆえん？

ちょいちょい書き付けられている、泰淳との食卓でのやりとりはどれもぐっとくる。楽しいふたりだなあと感じ入る。きっと百合子が、泰淳と一緒にいる日々を当たり前だとやり過ごしていないからだ。ふたりの日々に倦《う》んでいないのだ。やっぱり私も、そうありたい。

1969年11月6日の、晩の出来事の記録にはそんな百合子の情が目一杯あふれている。

「九時、山に戻る。灯りという灯りを全部つけた、谷底に浮んだ盆灯籠のような家に向って、私は庭を駈け下りる。むろあじを焼いて冷たい御飯を食べた。主人は生干しのいかを焼いて、それだけ食べた。食べながら、今日見てきたことや、あったことをしゃべくった。帰って来る家があって嬉しい。その家の中に、話をきいてくれる男がいて嬉しい。」

日記文学の金字塔として私よりも年若い誰かに薦めるときに唯一、瑕疵《かし》があるとしたら、日記の本文中で泰淳が「主人」と呼ばれていること。『富士日記』を読み返しすぎていて、もはや私の頭の中では、泰淳、と変換されているのだけれど、2020年代の今ばったり出会したならば見過ごせない呼称である。とはいえ、他の選択肢を探そうよと促される時代でもなく、画数が少ないから手書きする日記にもつけやすい二文字ではあるな、と、割り切るしかない。

「　」でくくった百合子の台詞《せりふ》では泰淳は「とうちゃん」と呼ばれている。そこで気付くのは、この日記は地の文と台詞とがきっちり切り分けられているがゆえに物語っぽさを醸し出しているのだ、ということ。

木村衣有子（きむら・ゆうこ）
1975年栃木生まれ。文筆家。立命館大学産業社会学部卒業。1994年から2001年まで京都在住、2002年より東京に拠点を置く。著書に『京都の喫茶店 昨日・今日・明日』『銀座ウエストのひみつ』『コーヒーゼリーの時間』『家庭料理の窓』『BOOKSのんべえ お酒で味わう日本文学32選』など多数。

富士日記の味

木村衣有子

その枇杷

くどうれいん

枇杷《びわ》は苦手だった。小学生の時に給食のデザートとして出てきて、ぬめっとしてさして甘くも酸っぱくもない。わたしは捉えどころのないその味に、眉間に皺《しわ》を寄せた。果物はどんなものも大好きだったけれど、枇杷だけは「冷蔵庫にあるよ」と言われても、飛びついてその扉を開けようとは思わなかった。それが、武田百合子の『ことばの食卓』のいのいちばんの章に出てきて、序盤の文章に吸い込まれた。

枇杷を食べていたら、やってきた夫が向い合わせに坐《すわ》り、俺にもくれ、とめずらしく言いました。肉が好きで、果物などを自分から食べたがらない人です。

「俺のはうすく切ってくれ」

さしみのように切るのを待ちかねていて、夫はもどかしげに一切れを口の中へ押し込みました。

「ああ。うまいや」

枇杷の汁がだらだらと指をつたって手首へ流れる。

「枇杷ってこんなにうまいもんだったんだなあ。知らなかった」


徹夜明けで原稿を書いた夫が枇杷を食べ、柔らかい顔つきになって眠りにつく。それまでの時間にある、歯のない夫が枇杷を咀嚼する描写がすばらしかった。苦労して嚥《の》み下すところはいわゆる「食レポ」と考えるとあまりにも肉体的で生々しいのだけれど、その必死さがすべて枇杷に向いていると思うと食欲はまったく削がれない。読んでいるだけで口内に果汁が満ちるようだった。わたしはまるごと齧《かじ》り付いて口の端を拭《ぬぐ》うような枇杷ではなく、「さしみのように」薄く切られた枇杷のことを想像した。枇杷がおいしくないのではない。わたしはまだ、「その枇杷」を知らないだけだと思った。

「こういう味のものが、丁度いま食べたかったんだ。それが何だかわからなくて、うろうろと落ちつかなかった。枇杷だったんだなあ」

これを読んだときわたしは高校生で、文芸部員として文章を書いていた。食べ物を表現するときはできるだけ美味しそうに書きたい、とシズル感のことばかり考えていた時期だったから、その貫禄に圧倒された。美味しそうにその食べ物のディテールを書くことよりも、どんなふうに食べていたのか、食べている人の人となりやその動きを観察するように描いたほうが美味しそうなこともある。そして、食べ物のことを書くとき、食べ物について語る必要はないのかもしれないと気が付いた。食べ物への知識よりも、「丁度いま食べたかった」きもちのほうが大切なのではないか。

わたしは田舎育ちで外食を知らず、美食家ではない。しかし、自分がいま何を食べたいかには常に興味がある。食べ物のことを書くとき、いつもわたしにとっての「その枇杷」を書けるようになりたいと思っている。

くどうれいん

1994年生まれ。岩手県盛岡市出身・在住。著書として、エッセイ集に『わたしを空腹にしないほうがいい』『うたうおばけ』『虎のたましい人魚の涙』『桃を煮るひと』『コーヒーにミルクを入れるような愛』『日記の練習』、歌集に『水中で口笛』、小説に『氷柱の声』、創作童話に『プンスカジャム』、絵本に『あんまりすてきだったから』、俳優・戸塚純貴とのコラボ書籍に『登場人物未満』などがある。

おいしいにはりついて

斉藤 倫

「群像」で「野良の暦」を連載されていた、鎌田裕樹さんのお野菜が通販で買えるようになった。いただいて目から鱗がおちた（野菜だから、ポリフェノールを含んだ外皮かもしれない）。農家としてのじぶんをたちあげる日々の記録を読み、さらにその結実を味わえるなんて、こんなに輻輳《ふくそう》的な歓びがあるだろうか。

こう書くと、いかにも情報やストーリーに左右されてるようだけど、たんにすごくおいしいのだ。ただ、ひとは面倒なもので、その「たんにおいしい」にたどりつくための鍵がいる。それは、情報でもストーリーでもありえるだろう。「空腹は最大の調理人」だって、いわばひとつの物語なのだから。

「異様においしい。」
私は言った。その小さく新しい、木の匂いのする店でカウンターにすわって食べたかきあげ丼は、食欲を思い出すくらいにおいしかった。（吉本ばなな「ムーンライト・シャドウ」）

この一節のために読み返すほど好き。食によって大切なものをとり戻すといったストーリーは、いまやひとつのジャンルをなしてるけど、八〇年代のこの文章がすべての源流じゃないかとひそかにおもう。消費におりたたまれたグルメとどこかで切れて、ほんとうの〈食欲〉にいたる夢。だけど、それはなんの謂《いい》か？

湯豆腐やいのちのはてのうすあかり

この久保田万太郎七十三歳の句に、時が凝《こご》り、命を漉《す》いたような「おいしさ」を、ぼくはかんじる。それは、たぶん食がおのずから生死にかかわるせいだ。じぶんや、ほかのいきものの。食は食だけで完結しないと告げくるなにか。

「原田さんの畑で梨をもいでいると、足もとを小さなものが走りまわった」で、はじまる短編「夏休み」も、そう。

勢いよく梨に取りつく。皮ごと食べる。こんどは三匹めも梨に齧りついた。三匹とも、ものすごい速さで梨を削っていく。あっという間に六個の梨が食い尽くされた。

「梨」「梨もっと」「もっともっと」

（中略）

「だって梨食べちゃうと梨なくなっちゃうのがだめなのよ」「動くとぼくが減っちゃうのがだめ」「時間がきてまっくらになっちゃうのがだめ」「もっと時間がたつと明るく変わるのもだめ」「ぼくが入ってもぼくが抜けてもその場所が変わっちゃうのがだめ」（川上弘美「夏休み」）

なんだかわからない白い毛の生えた三匹が、梨を食う。おいしいの正体と、わからなさにどうじにたどり着く気がして、ふるえがくる。生じる「かわいい」という感情には、他者への憐憫《れんびん》や、饗応《きょうおう》、捕食の情動がはりついている。それは、食欲というプリミティブとされるものの、まだむこうにあるなにかの気配だ。

斉藤 倫（さいとう・りん）

1969年生まれ。詩人。2004年に『手をふる 手をふる』でデビュー。2014年に、はじめての長編物語『どろぼうのどろぼん』を発表。同作で第48回日本児童文学者協会新人賞、第64回小学館児童出版文化賞を受賞。著書として、『ぼくがゆびをぱちんとならして、きみがおとなになるまえの詩集』『さいごのゆうれい』『ポエトリー・ドッグス』、絵本に『えのないえほん』（絵 植田真）、うきまるとの共作で『はるとあき』（絵 吉田尚令）、『のせのせ せーの！』（絵 くのまり）などがある。

腐れ縁の食べものと

最果タヒ

おいしい食べものを必要以上にありがたがるのがどうしてか苦手で、一口目はおいしくても次第に満腹でうんざりしてくる時間のこととか、並んでまで食べたかったものだろうかとか、すぐに考えてしまう。私は食べものについて書いた本も出したし、食べもののことは好きなのだけれど、でも、グルメではないし、おいしい食べもののことをそこまで特別だとは思っていない。食べものとはもう長い付き合いで、言ってしまえば腐れ縁のようなものだ。食べなきゃいけないし、食べるし、たまにおいしいものを食べると「ああ、ラッキー」くらいにほんのり思って、すぐ忘れる。それくらいの淡さを飛び越えて、食べもののために遠出したりとか、食事を一日の最大の喜びと思ったりとか、そういうのはできない。どんなにおいしくても、おいしさでは埋まらないものが多すぎ

る。だからおいしそうな食べものがつらつらと小説やエッセイに書かれている時に、あ
あこの人は私と全然違う付き合いを食べものとしてる人だ、と思い、それだけでなんだか「食べている」ことに共感ができなくなってしまう。

太宰の「桜桃」って本当に桜桃がおいしくなさそうに書かれているのだけど、あれは絶対においしいので。太宰の味覚の中ではちゃんとおいしいので。でもそれを書かずにそこから顔をそむけているし、そむけられる程度のおいしさでしかないのだろう。その顔をそむけている太宰が好きで、なおかつ、そんな描かれ方のほうが、その食事に私は共感もできる。私は果物が好きだけど、果物の皮を剥くのは面倒で、スーパーで浮かれて買った桃を食べるタイミングがいつまでもつかめない。桜桃も、種があるからめんどうだなぁ、と買って家に帰って冷蔵庫に入れようとする頃に思ってしまう。でも果物は傷むのも早いから、自分で買ったものなのにしぶしぶ腰を上げて、しぶしぶ洗ってしぶしぶ食べる。果物にイェーイ！　ってなれるのは、何も考えずに食べられる状態で出される病院食くらいでは？　病院食はそもそも病院食の時点で楽しくない気持ちも混ざってしまうけど。

そんな怠惰《たいだ》の中でもやっぱり食べるとおいしい。自分は果物が好きだな、と思うし、桃や桜桃や葡萄《ぶどう》が好きだなと思う。ついさっきまで全く食べたくなかったものであるという事実が消える。そうして食べ終わると、しばらくはもう買わなくていいやと思う。おいしくてもやっぱめんどくささの方が増すし、おいしいという感動は食べ終わると消え、あっさり忘れる。そんな自分の傲慢《ごうまん》さを太宰の短編で必ず思い出す。私はそういう、食べることにろくに感動できなくなっているくせに、味覚はまだひっそり生きているであろう人の「食べる」が、一番信じられると思うのです。自分に近くて、そしておいしそうだって思います。

最果タヒ（さいはて・たひ）
1986年生まれ。詩人。2006年に現代詩手帖賞、2008年に『グッドモーニング』で第13回中原中也賞、2014年に『死んでしまう系のぼくらに』で第33回現代詩花椿賞、2024年に『恋と誤解された夕焼け』で第32回萩原朔太郎賞を受賞。著書として、詩集に『空が分裂する』『夜空はいつでも最高密度の青色だ』『夜景座生まれ』『不死身のつもりの流れ星』『落雷はすべてキス』など、小説に『星か獣になる季節』『パパパララレレルル』など、エッセイ集に『きみの言い訳は最高の芸術』『「好き」の因数分解』『恋できみが死なない理由』『無人島には水と漫画とアイスクリーム』『ファンになる。きみへの愛にリボンをつける。』などがある。

枇杷のシャーベット

向坂くじら

いきなり本題とは外れてしまうけれど、小川洋子『妊娠カレンダー』にはおいしそうなものがほとんど出てこない。といっても、食べものが出てこないわけではない。むしろ、食べものばかり出てくると言ってもいいほどだ。けれど語られるどの食べものも、かたくなにこちらの食欲をそこなわせる。物語は日記形式で進行する。日記の書き手である主人公は、オムレツを「半熟の卵が黄色い血液のようにぽたぽたと落ちる」と、キイウイ（キウイフルーツ）を「あの黒い種子の粒々が、小さな虫の巣のように見え」と、一種の潔癖に思えるほどまずそうに描写する。

主人公は学生で、父母に病気で先立たれ、姉夫婦と三人で暮らしている。姉は妊娠し、やがてつわりに苦しむようになる。そこで姉が料理に向けるまなざしもまた、食事への鋭敏すぎる疑いに満ちている。食事というのはもともとグロテスクなものだったと思いそうになるほどだ。「マカロニの形がまた奇妙なのよ。口の中であの空洞がぷつ、ぷつ、って切れる時、わたしは今、消化管を食べてるんだなあという気持ちになるの」。かと思えば突然、今度は異様な食欲に襲われる。ずっと姉にふりまわされる主人公は、食べものに対するときと似た冷徹な目で姉を観察し、日記をつけ続ける。そして、農薬のことを考えながら輸入品のグレープフルーツでジャムを作り、わざと姉に食べさせる。とことん有害な食べものしか出てこない。

けれどその中にひとつだけ、たまらなくおいしそうなものが出てくる。枇杷のシャーベットだ。「食欲に飲み込まれてしまった」姉が、ある夜突然訴える。「やまぶき色の果肉がガラスの破片みたいに何枚も何枚も薄く重なり合って、シャリシャリ音がする枇杷のシャーベット。枇杷のシャーベットが食べたいの」。

結局、枇杷のシャーベットは姉の想像の中にしかない。しかし読むたびに、わたしはうっとりとそれに思いを馳せる。ついに存在しない美しい食べもの。存在しないことによって、かろうじて美しくいられた食べもの。うっとりするあまりに、宮沢賢治『注文の多い料理店』の序文を思い出しさえする。「わたしたちは、（略）きれいにすきとおった風をたべ、桃いろのうつくしい朝の日光をのむことができます。（略）これらのちいさなものがたりの幾きれかが、おしまい、あなたのすきとおったほんとうのたべものになることを、どんなにねがうかわかりません」。そうだ、自分は確かに飢えていた、という心持ちになる。どんなに食べものにありついても、「ほんとうのたべもの」はそこにはないのかもしれない。枇杷のシャーベットのほかには——姉は言う。「求めてるのはわたし自身じゃないのよ。わたしの中の『妊娠』が求めてるの」。さて、ではわたしの中のなにが、そんな透きとおった食べものを求めるのだろう。それはわからないけれど、ひとつだけわかる。

それがきっと、ついぞ文学からしか、得られないであろうこと。

向坂くじら（さきさか・くじら）

1994年愛知県生まれ。詩人、国語教室ことば舎代表。ギター・クマガイユウヤとのユニット・Anti-Trenchで朗読を担当。著書として、詩集に『とても小さな理解のための』、エッセイ集に『夫婦間における愛の適温』『犬ではないと言われた犬』『ことばの観察』、小説に『いなくなくならなくならないで』がある。

枇杷のシャーベット

向坂くじら

味を呼び戻す

関口涼子

自分たちに身近な料理がいかにも美味しそうに描かれている小説、愛情に満ちた食卓のシーンに食欲が湧くことは勿論あり、それが一般的には料理文学の読書の醍醐味とされているわけだが、食だけに向けられた純粋な欲求、抗い難い渇望を描いた作品というのも存在し、その裏には必ず欠乏が見える。病気、貧困、戦争、飢え、亡命などの只中で出現する食事の幻影の強度は比類がない。

正岡子規『病牀六尺』で語られる狂気にも近い食欲はそれに当たるだろうし、森茉莉の『貧乏サヴァラン』に現れる食べ物は、実際にはその多くがトマトときゅうりをバタパンに添えたものや「抹茶にグラニュウ糖を混入して、なめる即席の上和菓子」など質素な品々であるにもかかわらず、それをあたかも天下の美味のように描くことで、目を固く瞑《つむ》って美味な夢を見るのだという作家の固い決意が読み取れる。

亡くなった母親や祖母の得意料理を最も食べたい料理として挙げる人が多いのも同じ心の動き、不在が喚起する欲望から来るのだろう。距離がある味ほど、彼我の隔たりを超えて自分たちの元に引き寄せたくなるものだ。

フランス語では、炒めることを faire revenir というが、これは、素材に火を入れることで生き返らせ、魂を再び与えるという語義からきている。その意味では、「おいしい料理」すなわち生に満ちた食事から遠い環境にあってなおかつ美味の数々を夢見ることは、病床や戦火の下でも言葉によって生を自分たちの側に取り戻そうという行為なのだろう。

悲壮とも言えるその行為がもたらすもっとも「おいしそうな」文学は、アンデルセンの「マッチ売りの少女」に出てくる温かな食卓のシーンだろう。マッチを擦った瞬間だけ現れる、暖かなストーブの炎や、干したスモモやリンゴのつめものをした鵞鳥《がちょう》のローストは実際は飢えと寒さからくる幻覚なのかもしれない。しかし生死の境にあって希求されるこの料理こそが、読み手のわたしたちにとっても至福の味わいの化身として現れてくるのだ。

炎の下で生き返った料理は、しかし生き返らせはしない。翌日路上で冷たくなった少女の姿が発見される。彼女自身の肉体はマッチの炎によって蘇ることはない。

道端で絶命する人々のどれだけが、最後に目を閉じる前に好きだった食べ物を網膜に焼き付けているのだろうか。現実には語られることも呼び返されることもないそれらの味に気がつかせてくれるのは言葉の力であり、その点において「マッチ売りの少女」は、味覚をこの世にもたらす最上の文学であるだけではなく、わたしにとって文学そのもののメタファーであり続けている。

フィクションの中で、そこにも本当は存在しない料理が描かれる時、架空の登場人物が目の前にない料理をさらに想像する時、そこでわたしたちが読んでいるのは二重の入子状の世界から純粋な言葉が立ち上がり召喚される味覚、たぐり寄せられる生そのものだ。それ以上に美味な料理は世界中探しても他にないだろう。

関口涼子（せきぐち・りょうこ）

１９７０年東京都生まれ。翻訳家、詩人、作家。フランス語と日本語で創作を行う。１９８９年に第26回現代詩手帖賞受賞。早稲田大学在学中の１９９３年に詩集『カシオペア・ペカ』を刊行。１９９７年、東京大学総合文化研究科比較文学比較文化専攻博士課程満期退学。その後パリに拠点を移し、フランス語で二十数冊の著作、日本文学や漫画の翻訳を１００冊以上刊行。２０１２年にフランス政府から芸術文化勲章シュヴァリエを受章。２０１３年にローマ賞受賞。著書として、『カタストロフ前夜――パリで３・11を経験すること』、訳書に『セロトニン』（M・ウエルベック）、『エコラリアス』（ダニエル・ヘラー＝ローゼン）、『素晴らしきソリボ』（P・シャモワゾー）などがある。２０１８年にフランス語で『Nagori』を刊行、４つの文学賞を受賞し、５ヵ国語に翻訳される。ピキエ社刊行の食をめぐる日本文学の叢書「Le Banquet（饗宴）」編集主幹。２０２２年に『ベイルート９６１時間（とそれに伴う３２１皿の料理）』のフランス語版で第42回フランス－レバノン文学賞審査委員特別賞を受賞。

味を呼び戻す

関口涼子

野菜がほしくなる

武塙麻衣子

お酒は、ベランダで飲むものだと知ったのは江國香織『きらきらひかる』を初めて読んだ中学生の頃だった。主人公の笑子は、夫の睦月がベランダで星を眺めているとき（それは、睦月の習慣なのだ）隣でアイリッシュ・ウイスキーを飲む。寒くなってきて部屋に戻ると、壁にかかった水彩画のおじさんに歌を歌う。おじさんは、彼女の歌を聴くのが好きなのだそうだ。それから笑子はグラスにウイスキーをたらたらと注ぎたし、そのとろっと深い金色にうっとりする。一刻も早くアイリッシュ・ウイスキーを飲めるようになろう。十四歳の私は、そう心に決めた。アイリッシュ・ウイスキーというのが一体なんなのかも知らず、隣に夫がいるかどうかもわからないけれど、とにかく私は大人になったらきっとベランダでお酒を飲むのだ。それは、とても希望に満ちた未来だった。

『きらきらひかる』にはこんな文章もある。

ワインを飲みながら（このワインは安物だけれど甘くておいしい）うたっていたら、睦月がきて壜をとりあげた。

「壜ごと飲んだりしちゃだめだよ」

私はものすごく不幸な気持ちになった。

その時の私は、何かの映画で少年が冷蔵庫から取りだしたオレンジジュースを大きなパックから直接ごくごくと飲むシーンに憧れてその真似をし、親からこっぴどく叱《しか》られたばかりだった。品がないだったかはしたないだったか忘れたけれど、とにかく怒られた。だけど、笑子も壜ごとワインを飲んで夫に取り上げられている。笑子がぐんと身近に感じられて、安物だけれど甘くておいしいワインという表現も気に入った。安くてもおいしい甘いワインが世の中にはあるんだ、とわくわくする。なにせ、当時の私がワインについて知っていることと言えば、それは毒々しい紫色をした葡萄酒で、教会でミサの時間に神父様が持ち上げる銀のゴブレットになみなみと入っている飲み物のことだった。甘いなんて絶対おいしい。期待は高まった。しかし、ワインに関して言えば、今、大人になった私が飲むのは、安物だけれど辛くて香りがしっかりしているものだ。笑子が好む甘いワインを好きにはならなかったけれど、でもワインについても笑子に教えてもらったのだと信じている。

今年の冬は、久しぶりにベランダに出てホットウイスキーの入ったカップを持ちたい。家のベランダから星はあまり見えないし、寒い中、ウイスキーを飲まない夫が付き合ってくれるとも思えない。一緒に暮らしている猫たちも「あんなところで何しているんだ」と怪しむに違いないけれど、私は今でも笑子に近づきたい。

「お酒を飲むとものすごく野菜がほしくなるでしょ」

水がしたたる、まるのままのきゅうりやレタス、ぶつ切りのにんじんや大根を、遊びにきた睦月の友人たちに笑子がふるまい、彼らはばりばりと食べていた。それがあまりにもおいしそうだったので、お酒を飲む時は、私も大量の野菜をぼりぼり齧っている。

武塙麻衣子（たけはな・まいこ）
1980年神奈川県生まれ。立教大学文学部卒業。客室乗務員、英語講師などの職業を経て作家となる。『驟雨とビール』『頭蓋骨のうら側』など日記やエッセイのZINEで注目を集める。著書に『酒場の君』などがある。

野菜がほしくなる

武塙麻衣子

ウィンドウズ・オン・ザ・ワールド

田中知之

　先日、長らく探し求めていた一冊の本をやっと手に入れた。音楽プロデューサーのトノバンこと加藤和彦、作詞家のＺＵＺＵこと安井かずみ夫妻が１９８７年に上梓《じょうし》した『ニューヨーク・レストラン狂時代』（渡辺音楽出版）だ。時はバブル真っ只中。だが、巷のバブルの喧騒なぞどこ吹く風とばかりに、我が道を貫くリッチで酔狂なお二人のライフスタイルを、このレストラン探訪記を通じて覗《のぞ》いてみたかったのだ。

　装丁は金子國義画伯。素晴らしい挿絵やアートワークは勿論、実際のお店のメニューの複製を挟み込むアイデアも秀逸。ただし、グルメ本に付きもののシズル感溢《あふ》れる料理写真は一切掲載されていない。文章は安井かずみ女史が全てを書いていらっしゃるようだが、料理や味への言及は極めて少なく、独特の優雅にしてポップな筆致で語られるのは、世界一エキサイティングな街に存在した超一流店のインテリアや佇《たたず》まい、その存在意義や物語、オーナーやシェフの人となりや趣味嗜好《しこう》、日参するニューヨーカー達への冷静な考察と賛辞。時に彼女の装い、お化粧やヘアセットの出来不出来にまで話が及ぶ。当時から既に食を文化として捉えるガストロノミー的な視点を、お二人が獲得していたのは当然として、流行や風俗、エンタメや芸術と完全に紐付けをし、全てを冷静に俯瞰《ふかん》しているのだから恐れ入る。今から40年近くも前の本だから、当然掲載店は閉店してしまったところが多いのだけど、一軒、私も訪れたことがあるお店が載っていた。

店名は「Windows on the World」。その超高層ビルのほぼ最上階に位置する大型レストランは、毎週火曜日の夜帯にはＤＪが入り、ナイトクラブ的な営業をしていて、私も何度か出演したことがあった。ある年の晩夏にもお声がかかり、ニューヨーク行きを決めたところで、同地で別の仕事のオファーが入り、ＤＪ出演を1週間早めてもらったのであった。

大盛況でパーティを終え、帰国した数日後、私はとんでもない光景をテレビで目にすることとなる。つい1週間前に私がプレイしたお店があるワールドトレードセンタービルに旅客機が突っ込んでいく姿を……。

本書には、モダンなインテリア越しに見下ろしたニューヨーク湾で右手を掲げる豆粒ほどの大きさの自由の女神の写真と共に、お二人が正に天空のレストランで無邪気に食事を楽しむ様子が生き生きと綴《つづ》られていた。しかし、我々はこのお店の結末どころか、その後のお二人の人生の顚末《てんまつ》までをも知ってしまっているのだ……。だが少なくとも、その輝かしい人生、その象徴だったとも言えるニューヨークでの食事の記録と記憶が、こうして永遠に封印されていることが確認できた。それは、決してバッドエンドを迎えない夢の続きのようだ。私は訪店が決して叶わないお店ばかりが掲載されたレストランガイドをこれからも幾度となく眺めては、深いため息をつくのだろう。

田中知之（たなか・ともゆき）

1966年京都府生まれ。1995年にリリースされたピチカート・ファイヴのアルバム『ロマンティーク96』に収録された「ジェット機のハウス」でメジャーデビュー。リミキサーとしては、FATBOY SLIM、布袋寅泰、東京スカパラダイスオーケストラ、UNICORN、くるり、サカナクションなどの作品を手掛ける。世界三大広告賞でそれぞれグランプリを受賞したユニクロのWEBコンテンツ『UNIQLOCK』などの楽曲制作の他、TVCM音楽、全米映画や海外ドラマ、演劇作品への楽曲提供も多数。DJとしては、国内フェス他、コーチェラ・フェスティバルやレディング・フェスティバルなど海外の有名フェスへも出演。東京2020オリンピック開閉会式、パラリンピック開会式の音楽監督を務める。

あなたの肉体とわたしの辛ラーメン

崔実

自分の尻尾をぐるぐるぐる追いかけて出血しても尚《なお》、齧り続ける犬みたいに肩から生えている二本のいびつな腕を前後にぶらぶら揺らして齧りついた。もう随分と前のこと。なんの前触れもなく、わたしの腕は腕ではなくなった。わたしのものですらなかった。いつの間にか腐ってしまって、すでに血が通っていない。手入れせずに放っておいたせいだと思った。水やりを忘れてしまった。人間の歯は本当に役立たず。結局齧るだけでは改善しなくて、糸切り歯よりももっと鋭い刃物で腕を切らなければならなくなった。

こんなこともあった。食事中、急に口の中に味が染みわたって、わたしは心底びっくりして涙でいっぱいになった。わたしが泣き出すまで母と姉弟たちは普段通りに夕飯を食べていた。食べることは彼らにとっても、わたしにとっても当然のことだった。でも急に味がひろがって、どうしたらいいのか分からなかった。母が時間をかけて子供のために作ってくれて、そのなかに自分も含まれているのだと思うと氷が解けたようにホッとして余計にダメになった。「舌を嚙《か》んだの？」と母は訊いた。わたしは首を振って「美味しい」と答えた。「気持ち悪い子」と母は呟いた。違う、わたしの勘違いかもしれない。とにかく母は不機嫌になって「泣き止まないなら部屋に行きなさい」と叱って、わたしは泣き止んだ。

体と心はときに恋人みたいに離れたりくっ付いたりする。村田沙耶香さんの『地球星人』に登場する〈奈月〉もそうだった。長いこと〈奈月〉の口は〈奈月〉のものではなく本能のものだった。味がしないのだ。彼女が生き続けるために本能が彼女の口を奪ってしまったから。宿主を守らなくてもこいつは生きると本能が確信を得たとき、彼女の身体は解放されたのだろうか。数十年ぶりに戻ってきた口で食べる地球星人炒《いた》めに彼女は喜んだ。きっと心底びっくりして喜んだはず。肉汁を、旨味を、臭みを丁寧に味わい、夫と由宇のふくらはぎを、背中を、踵《かかと》を齧る場面でわたしのお腹はものすごい音でなった。小説を読んでいて〈食べたい〉と切望するのは初めてだった。それも地球星人炒め。あと数ページで読み終わる……そう思って本を握り直した。一所懸命〈奈月〉に集中した。彼女の口が戻ってきた……わたしは言葉にならない感動を覚えた。だけど余計にお腹の虫が暴れる。グー、グー、うるさくて左腕にガブッと齧りついた。わたしの肉は二十代前半の頃より硬くて、太い。それに痛い。今は手指までしっかり血が通っている。深夜十二時過ぎ、とうとう本を置いた。台所の明かりを付けて辛ラーメンを作った。長ネギを切りニンニクをすってコチュジャンをスープに足す。ぐつぐつとお湯が沸騰したらすぐに麺と卵を放り込んで蓋をした。二分経たないくらいでドンブリにさっと移して、仕上げにチーズをまんべんなくふる。辛みと甘みが口の中で順番に交差する。正直言って、わたしが作る辛ラーメンは誰の腕より、指より、太腿《ふともも》より美味しい。そしてわたしはポハピピンポボピア星人になった気持ちで無事に読了した。わたしのお腹もまん丸にふくれていて、まるで妊婦さんみたいだった。

崔実（チェ・シル）

1985年生まれ。東京都在住。2016年に「ジニのパズル」にて第59回群像新人文学賞を受賞しデビュー。単行本化した同作で、2016年に第33回織田作之助賞、2017年に第67回芸術選奨文部科学大臣新人賞を受賞。他の著書に『pray human』がある。

あなたの肉体とわたしの辛ラーメン

崔実

この世のものならぬ饗宴

中条省平

「銀皿の前菜がはこばれた。銀杏の雲丹和《うにあ》へ、牡蠣《かき》のベーコン巻き、卵黄にキャヴィア、貝柱の照焼、火焔菜、鵞鳥肝《フオワ・グラ》、皮蛋《ピータン》と水母《くらげ》の膾《なます》等が絵模様さながらに飾られてゐる。[…] スープは私のためには初茸を散らした清汁《すまし》、麻植のためには玉蜀黍《たうもろこし》と小海老のポタージュ、しかも私のコンソメは思ひもかけず冬虫夏草で味つけがしてあつた。続いて鱒《ます》のフライに梭子魚《かます》の酒焼《さかや》、諸子《もろこ》の魚田《ぎよでん》、伊勢海老のコキール、鮒《ふな》の甘露煮、蓮の鶏肉そぼろ詰、松葉蟹の牛酪《バター》焼、牛肉の粕漬、若鶏の乳漿《クリーム》煮と和洋漢とりどりの珍味が、それぞれ錦手《にしきで》の皿、ボヘミア硝子の鉢、阿古屋貝の殻に盛られて現れた。[…] 白葡萄酒をなめながら私は幸福だつた。私の唇に佳肴がふれる時、その美味と芳香は、味《み》蕾《らい》、味領を通してほとんど足の爪先、髪の根まで沁みとほつた」

塚本邦雄の初小説集『紺青のわかれ』に収められた「冥府燦爛」の一節です。このように塚本の小説にはしばしば目もあやな食の宴が登場し、読む者を恍惚《こうこつ》とさせます。小説だけでなく、『味覚歳時記』『ほろにが菜時記』『異国美味帖』などエッセーでも口舌の愉楽を語ってやみません。潤一郎、百閒、かの子、吉田健一、開高健に匹敵するこの分野の傑出した語り部といえるでしょう。

ただし、前記三冊のエッセー集で語られる喜びはほとんど植物系の食物、食材で占められていて、それは四季の移ろいと分かちがたい日本の詩歌の伝統とつよく結びついています。その意味で、塚本は食の快楽においても、日本の詩歌の使徒、言葉の聖霊でした。

本稿冒頭に引用した「冥府燦爛」でも、その食卓の絢爛《けんらん》豪華を演出しているのは、和語、漢語に、欧語のカタカナ表記とルビを自在に和えた独特の筆さばきにあり、ここに供されるのは、食物、料理の表象というより、まずは言葉の饗宴です。しかも、目で味わうべき悦楽であって、朗読されたらその醍醐味は半減してしまうでしょう。

「冥府燦爛」の饗宴の特異性は、塚本邦雄本来の好みである植物系の食べ物よりも、肉や魚介類など動物系の料理に重きが置かれていることだけでなく、タイトルに見られるように、これはこの世のものならぬ場所の珍味佳肴《かこう》だということです。

この短篇は、塚本小説では珍しい、『連弾』収録の神品「かすみあみ」などと並ぶ純粋な幻想小説で、引用した数々の料理も、冥界でのみ味わうことのできる、しかし、甘美な拷問に似た満腹感のない享楽、タンタロスの渇き、一度口にしたら二度とこの世に満足することのできなくなる、いわば黄泉竈喰《よもつへぐい》のたぐいなのです。

ですから、「冥府燦爛」は、本書の表題に引っかけていうならば、「おいしそうな文学」ではあっても、安心満足して「おいしい文学」とはいいきれない側面をもった不吉な一品です。どうか心してお召しあがりください。

中条省平（ちゅうじょう・しょうへい）

1954年神奈川県生まれ。学習院大学文学部フランス語圏文化学科教授。フランス文学研究のほか、映画・文学・マンガ・ジャズ評論など多方面で活動。著書として、『マンガの論点　21世紀日本の深層を読む』『人間とは何か　偏愛的フランス文学作家論』『カミュ伝』など、訳書に『狭き門』（ジッド）、『すべては消えゆく』（マンディアルグ）、『マダム・エドワルダ／目玉の話』（バタイユ）、『肉体の悪魔』（ラディゲ）、『花のノートルダム』（ジュネ）、『消しゴム』（ロブ＝グリエ）、『にんじん』（ルナール）、『ペスト』（カミュ）など多数。

この世のものならぬ饗宴

中条省平

おいしさの気配

土井善晴

谷崎は『陰翳礼讃』で、私たちのだれもが思うおいしさを語っているのではありません。彼は純粋な日本美をおいしいと言っているのです。いや一度もおいしいという言葉はこの本に出て来ない。さて、常より、私は、料理とは美の問題だと言ってきましたが、この本は、おいしさと並行する美の物語の解説書だと思うのです。

日本の「美」には二つのベクトルがあります。「おいしさ」も同じ、二つの楽しみがあるのです。一つは、谷崎が物語るような自然と暮らしのつながりを知る喜び、一つは西洋的な「カロリーの高いもの」という油脂がもたらす快楽です。

そもそも味覚、嗅覚は言語中枢とつながらず、おいしさは言語化できません。ゆえに、食事をともにした者だけがそのおいしさを知り得るもの。低級感覚とされた不完全な味覚と嗅覚の恩恵に、人間らしさがあるのです。おいしさに代わって心に留まるものとは、人の思いの交わりの大切な物語です。

『陰翳礼讃』は、普請道楽のお話から始まります。西洋文明に生まれた便利な器機をなんとか和に馴染むようにする努力を惜しまない。

閑寂な壁と、（中略）或る程度の薄暗さと、徹底的に清潔であることと、蚊の呻りさえ耳につくような静かさとが、必須の条件なのである。私はそう云う厠にあって、しとしとと降る雨の音を聴くのを好む。

京都、高台寺の料理屋にフランス人の三つ星シェフを招いたとき、その静けさと、空気の清らかさに、ここが「レストラン（料理屋）だとは思えない」と驚いていました。

古来、日本人が大切にしてきたもの、美しいと感じてきたものを、谷崎は綴っているのです。とある場に人が寄り、食事以前の変化の瞬間に表れる美が、おいしさの気配です。

日本のユニークな美意識は、いにしえより、大自然と共存し、さらに共鳴することで、安心を学び、喜びと愛着をともなって生まれました。それは今も、嘘偽りのない「真実」、悪意のない「善良」な行為に、おのずから表れる「美」の秩序として――「きれい」というひと言に――あるのです。

人の感性の豊かさにある幸福は、残念なことに現代の合理主義の社会では重要視されないどころか、その存在さえ無視され忘れられ、努力なしに実現する快楽のみが望まれるのでしょう。

感性とは、違いがわかること。楽ちんな油脂のおいしさに依存していればやがて失われてしまいます。おいしさという舌先に騙される幸福は、そもそもが祭り（ハレ）の日の快楽食で、もはや現代人のストレス解消。

日本の美意識は、イマジネーション――直感力というカンのよさ――目に見えないものさえ読み取る「身体能力」です。

観る目は、知る心に勝るもの。

日常の暮らしに紐付いた、人と人、人ともの、物とものの交わりは、自らの経験と悟性による真の喜び。「おいしさの気配」とは幸福としか言いようがありません。

土井善晴（どい・よしはる）

1957年大阪府生まれ。料理研究家。十文字学園女子大学副学長、東京大学先端科学技術研究センター客員上級研究員、甲子園大学客員教授。スイス・フランスでフランス料理、味吉兆（大阪）で日本料理を修業。1992年におおいしいもの研究所設立。料理とは何か・人間はなぜ料理をするのか・人間とは何かを考える「食事学」「料理学」を広く指導。2022年に文化庁長官表彰を受賞。著書に『一汁一菜でよいという提案』『おいしいもんには理由がある』『味つけはせんでええんです』など多数。

おいしさの気配

土井善晴

空腹の空想

奈倉有里

小説にはときに、登場人物（たち）がその場にない料理を想像する場面がある。チェーホフの『誘惑』（原題『セイレーン』）は、まさにそれだけでできているといっても過言ではない短編だ。判事会を終えた裁判官たちが会議室にはけてきて食事に出かけようとするが、裁判長がまだ書きものを終えていないので、ほかの判事たちはそれを待っている。そこへ秘書が、「おなかがすきましたねえ」と、料理の空想をはじめる――ネギの焼ける匂いが家じゅうに漂うところへ帰宅して、食卓についたらまずウォッカの盃を干すんだ。その瞬間、胃から体中にかっと火花が散る。そしたらすぐさまつまみだ。いちばんうまいつまみは、やはり鰊《にしん》だな。ネギとからしで食べるのが最高だ、云々と。

私が鰊という魚を初めてはっきりと認識したのは、チェーホフのこの小説を読んだときだった。それ以来、鰊は私にとってちょっと特別な魚だ。都内でも目にするとつい買ってしまう。モスクワではパックに入った鰊のマリネが安価で売っていて学生寮でよく食べたので、思い出の魚でもある。また今年の六月に小樽に行ったときには「鰊の切込み」という、生の鰊を塩と米麹《こめこうじ》で長期間発酵させた北海道の郷土料理を初めていただいたのだが、ねっとりとして旨味がぎゅっとなったそのおいしさに驚いた。チェーホフの登場人物にも食べさせてあげたい。

さてチェーホフの『誘惑』の話に戻ると、秘書がこのほかにも塩漬けのきのこだとか肉汁たっぷりのミートパイだとかの話を延々と語り続けたがために裁判長は気が散って書き損じてばかりでいっこうに仕事が終わらず、ついには「もうたまらん！」と仕事を投げだして出かけてしまう。

実は、食べものについての描写を読んでいるときの私たちは、この裁判長とよく似た目に遭っている。読者は本を読んでも、そこに書かれた料理を食べることはできない。登場人物がいくらおいしそうに食べていても、その味はわからない。食べたことのあるものであれば味や風味を思いだすこともできるが、時代や場所が遠く離れた文学では見たことも聞いたこともない料理がずらりと並ぶ場合もあり、そうすると「きらびやかでおいしそうだなあ」とは思うものの、その料理を味わう登場人物と食べられない読者のあいだにはだいぶ隔たりができてしまう。

ところが、この短編のように登場人物が想像をかきたてられるような描写を耳にして「その場にない料理を空想している」場合は、読者だけでなく登場人物もまた食べられずにいるわけで、そういう意味では読者と登場人物の気持ち（と、ついでにおなかが鳴る音も）がぴったりとシンクロし共鳴するまたとないチャンスである。

きっと、一八八七年当時、新聞に掲載されたこの短編を読んだ読者も、「もうたまらん！」と新聞を投げだして、食事に出かけたに違いない。なんなら、これを読んだあなたも書いている私も、裁判長のあとを追って、鰊を食べに出かけたっていいのだ。

奈倉有里（なぐら・ゆり）

1982年東京都生まれ。ロシア文学研究者、翻訳者。2008年、ロシア国立ゴーリキー文学大学を日本人として初めて卒業。東京大学大学院修士課程を経て博士課程満期退学。博士（文学）。2022年に『夕暮れに夜明けの歌を　文学を探しにロシアに行く』で第32回紫式部文学賞、『アレクサンドル・ブローク　詩学と生涯』で第44回サントリー学芸賞（芸術・文学部門）を受賞。著書として、訳書に『手紙』（ミハイル・シーシキン）、『理不尽ゲーム』『赤い十字』（サーシャ・フィリペンコ）、『亜鉛の少年たち　アフガン帰還兵の証言　増補版』（スヴェトラーナ・アレクシエーヴィチ）など多数、新書に『ロシア文学の教室』、エッセイ集に『文化の脱走兵』がある。

空腹の空想

奈倉有里

おいしくても、まずくても、

野村由芽

武田百合子の生前最後に刊行された随筆集『日日雑記』には、食べ物がよく登場する。武田の目は、慣れ親しんだ食べ物でさえ、顕微鏡で見つめ続けたかのように細やかに捉える。たとえば、正月の頃に食堂で食べた「五目セット」についてのこんな文章。

『五目セット』の御飯はごろごろして、冷たい箇所と温かい箇所がまだらにあり、上にのった桃色のでんぶは、砂糖そのものを桃色に染めてあるのではないかと思うほど甘かった。でんぶの隣りの筍の煮たのは福神漬みたいに醬油味が濃く、その隣りの菜っ葉は塩辛かった。

ここまでくわしく描写しながら、おいしくなかったのである。容赦《ようしゃ》のなさにくらくらする。武田の文章には「まずい」と書かれたものがよく出てくる。そのうえで、これは魔法としか思えないのだけれど、まずいと書いてあるのに、食べたくなるのだ。あまつさえ、食べるっていいな、生きてるっていいものだなぁ……と魂がぴかぴかに拭かれてく。

レビューサイトやSNSで、誰かの「おいしい」が数値化されたものを上から順に見ることを内面化している自分の目とはほど遠い、とため息をつく。言葉を尽くされる価値があるのは、一握りの「おいしい食べ物」であることにわたしはどこかで慣れてしまっていた。けれどその世界観に則るならば、言葉にされなかった、この世の無数の食べ物の味わいの記憶は、どこにいってしまうんだろう？　と切なくなる。そんなとき、『日日雑記』をひらけば、おいしいものも、おいしくないものも、その間にあるものもよく見て、贔屓せずに書かれた武田の率直な言葉が並んでいる。すべてが等価に魅力的で打ちのめされる。この世界のすべての記憶を運ぼうとするような凄みのある目よ。

単行本未収録エッセイ集『あの頃』で、武田は自身の日記では「くわしく」書くことを心がけていると書いていた。食べたものをくわしく書いていけば、「おいしい」の周囲にある無数の風景の魅力が豊かにたちあがってくる。味覚的なおいしさだけでなく、人の情けなさ、愛しさ、おかしみなどの複雑な味わいもこみあげてくる。生の営みの多面性が祝福され、そこにわたしは射抜かれる。

生活というのは、まちがうことの連続。なのに、きれいなところばかり見せたくなってしまう。けれど覆い隠すばかりだと、無数の気持ちを抱く自分がそこにいたことを、いつか忘れてしまいそうだ。「誰にも話せないようなことを自分が忘れてしまったら、そのときの自分がひとりぼっちになってしまう」とあるとき同居人が言っていたことが、胸に残っている。そういえば『日日雑記』の冒頭には、「――いなくなった人たちに」と書かれていた。武田は、いなくなっていくすべての人たち、すべての食べ物たちの、世間で「良い」「立派」とされているところだけではない部分もこの世界に「ありありと在ったのだ」という事実を、なくしたくなかったのではないか。日日の雑事こそ忘れないし、ひとりぼっちにはさせないというその意志が、結晶化したのが『日日雑記』ではないか。砂糖のようなでんぶ、福神漬みたいな筍煮。おいしさが確約されていなくても、武田百合子の目で見られ、言葉にされたものたちは、この世を輝かせるほど

おいしそうだ。

野村由芽（のむら・ゆめ）
1986年生まれ。編集者。カルチャーメディア「CINRA.NET」の編集、企画、営業を行ったのち、竹中万季とともに「She is」を立ち上げる。株式会社ミーアンドユーを共同で起業し、新メディア「me and you little magazine」の編集長を務める。インタビュー、コラム・エッセイ執筆、コピーライティング、司会など幅広く活躍中。

魅惑のミントジュレップ

花田菜々子

12、13歳の頃は人生でいちばん読書にのめり込んでいた黄金期だった。自我が芽生え、親や教師とことあるごとに衝突し、クラスでも浮いていた自分にとって、本の中の世界だけが心の拠りどころだったのである。

中でも「新刊見つけたら絶対買う（※親の金で）」レベルで愛読していたのが山田詠美・吉本ばなな・銀色夏生・江國香織の4人だ。当時の自分は「この4人は神」、「この4人が言ってることは全部正しい」と心酔して彼女たちの文章にのめり込んでいた。幼稚な態度だが、そんなふうに本を神のように崇拝して読む時期を持てたことは幸せだったとも思う。

さて、彼女たちから日々学ぶことは、恋愛への態度や常識の否定といった思想ばかりではない。あたりまえの風景のように彼女たちが描く大人の世界のディティールもまた未知なことばかりで胸がときめいた。

江國香織の初期の名作「きらきらひかる」は、ゲイの睦月、アルコール依存気味の笑子、睦月の恋人の紺、3人の美しい関係を描いた恋愛小説だ。本書にはアルコールをはじめとした飲み物がたくさん登場する。エビアン、オレンジを手で絞ったジュース、卵黄入り野菜ジュース、アイリッシュ・ウイスキー、シャンパン……。その中でもひときわ印象的だったのがミントジュレップというカクテルだ。物語の中でもとてもいい場面で使われていて、みんなが初めて顔を合わせる夜に有無を言わさず笑子が全員分を作り、差し出すお酒だ。緊迫した場面なのだがそれぞれが心配していたようなことは何も起こらず、みんなでこれをがぶがぶ飲みながら、夢のように楽しい時間をすごす、というシーンだった。

ミントジュレップ。きっとこれは素晴らしくおいしいカクテルに違いない、と私はさっそく憧れたが、しかしどんな飲み物かはわからないので中学生の脳でイメージするしかなかった。きっと淡いメロンソーダのような色で、透明でキラキラしていて、しかしそんなに甘くはなく、なんか、えーと、とにかくすてきなもの。

こうしてミントジュレップという名前をイメージだけで記憶したまま大人になった。20歳をすぎれば人生の中でおしゃれなバーに入る機会もある。メニューが置いてある店ではそのたびに密かに探した。しかし、ミントジュレップに出会えたことはなかった。一度ロンググラスに大量のミントの葉が入ったジントニックのようなものを隣の席に見つけて「まさかこれが!?」と身を乗り出したが、一緒にいた友人に聞くとモヒートというカクテルだという。モヒート? 何だその変な名前は。絶対ミントジュレップのほうがおいしそうだろうが。

そしてついにミントジュレップがどんなカクテルかを知らないまま、初読から30年が過ぎた。もちろん検索すればすぐに正解に辿《たど》り着けるだろう。しかしここまできて検索などできるわけがない。現実のミントジュレップは、おそらく私の頭の中のミントジュレップほどすてきなものではないのだから。

ミントジュレップ。それは私が知っているいちばんおいしいカクテルである。

花田菜々子（はなだ・ななこ）

1979年東京都生まれ。ヴィレッジヴァンガード、二子玉川 蔦屋家電、パン屋の本屋、HMV&BOOKS HIBIYA COTTAGEの店長を経て、2022年に蟹ブックスをオープン。著書に『出会い系サイトで70人と実際に会ってその人に合いそうな本をすすめまくった1年間のこと』『シングルファーザーの年下彼氏の子ども2人と格闘しまくって考えた「家族とは何なのか問題」のこと』『モヤ対談』などがある。

魅惑のミントジュレップ

花田菜々子

戦場で頬張《ほおば》る塩の味

原　武史

高校時代に初めて読んだ大岡昇平の『野火』は、大岡自身のレイテ島での実体験に基づく描写が実に生々しく、戦場とはいかなるものかを否応なしに考えさせられる初めての小説となった。

中でも鮮やかに覚えているのは、主人公の田村一等兵が島内をさまようち、海の見える教会の司祭館にたどりつき、そこを訪れた男女に出くわす場面である。田村が女に向かって発砲すると、男は逃げてゆく。女の息がとまるのを田村は確認する。

「私は私の犠牲者がここまで来た理由に好奇心を起し、室に彼等の行為の跡を探した。床板があげられ、下に一つのドンゴロスの袋が口を開けていた。中に薄黒く光る粗い結晶は、彼等人類の生存にとっても、私の生存にとっても、甚だ貴重なものであった。塩であった」

田村は雑嚢《ざつのう》に塩を詰められるだけ詰めて、司祭館を出る。だが女を殺した直後だったせいか、塩を発見した昂揚感はなかった。さっそく塩を付けて何かを食べる場面を期待したが、そういう場面は描かれていなかった。

塩が生き生きと描かれるのは、田村が前にしばらくいた丘に戻ったときだった。ここで伍長や上等兵や一等兵に出くわすのだが、田村の雑嚢がふくらんでいるのを目にとめた上等兵が、それは何かと尋ねた。

「塩であります」

田村の答えに、彼らは色めきたった。伍長の口調は急に丁寧になった。軍の指令で集合場所に定められたパロンポンまで一緒に連れてゆく代わりに塩を分けてもらえないかという伍長の頼みを、田村は受け入れた。

彼らは争うように雑嚢に手を入れると、一つまみずつ頬張った。

「うめえ」

めいめいが声を出した。一等兵は涙まで浮かべていた。

この場面にはぐっときた。ただの塩がこれほどおいしそうに見えたことはなかった。田村が塩を口に含む場面は描かれなかったのに、彼らが塩をむさぼるように頬張る場面は具体的で、ありありと想像できた。生きるか死ぬかの極限状態に置かれたとき、一粒の塩がどれほど大きな生きる望みを与えるかを、まざまざと思い知らされたものだ。

けれど、その塩もやがて尽きるときが来る。

「いくら草も山蛭も食べていたとはいえ、そういう食物で、私の体がもっていたのは、塩のためであった。雨の山野を彷徨いながら、私が「生きる」と主張出来たのは、その二合ばかりの塩を、注意深く節しながら、嘗めて来たからである。その塩が遂に尽きた時、事態は重大となった」

田村にとって、塩を付けて何かを食べることは、生きることに等しかった。その行為が続けられなくなることは、死に直面することを意味した。『野火』の文章に引き込まれていった高校時代の私の舌には、ざらざらとした塩の感触が、読後もしばらくまとわりついたままだった。

原　武史（はら・たけし）
1962年東京都生まれ。早稲田大学政治経済学部卒業。東京大学大学院博士課程中退。明治学院大学、放送大学教授を経て、明治学院大学名誉教授。専門は日本政治思想史。1998年に『「民都」大阪対「帝都」東京』でサントリー学芸賞、2001年に『大正天皇』で第55回毎日出版文化賞、2008年に『滝山コミューン一九七四』で第30回講談社ノンフィクション賞、『昭和天皇』で第12回司馬遼太郎賞を受賞。著書に『〈出雲〉という思想』『可視化された帝国』『皇居前広場』『沿線風景』『団地の空間政治学』『レッドアローとスターハウス』『皇后考』『「昭和天皇実録」を読む』『平成の終焉』『〈女帝〉の日本史』『地形の思想史』『「線」の思考』『一日一考　日本の政治』『歴史のダイヤグラム』『戦後政治と温泉』『象徴天皇の実像』など多数。

戦場で頑張る塩の味

原　武史

ペリーヌの卵とパン

原田ひ香

少し前に『図書館のお夜食』という小説を上梓した。図書館の中にカフェがあり、日々、物語の中に出てくる食事を出している、という設定にしたので、自分が知っている、「おいしそうな文学」を思い起こしながら執筆することになった。

例えば、『赤毛のアン』や『若草物語』、そして、田辺聖子さんのさまざまな小説に食べ物が出てくることはよく知られている。それだけについての本もあるほどだが、せっかく思い出せても、うまく小説の中に出せないものもあった。

その中の一つが『家なき娘』の中に出てくる料理である。

ご存知のように、『家なき娘』はフランスのエクトール・アンリ・マロの書いた小説で『家なき子』と姉妹小説になっている。

日本では『ペリーヌ物語』として、アニメにもなっている小説だが、この中に面白い料理を作る場面があるのだ。

母親を亡くして一人、自分の親族を探すペリーヌは、祖父が経営する繊維工場に密かに勤めている。しかし、工員用の下宿の部屋があまりにも劣悪で空気が悪く、さらに、日当をもらっても、部屋代を払い、パンを買っていたら「ぜんぜんお金が残らないわ」と気がついて寮を出ていき、近くの狩猟小屋で寝泊まりする。

彼女はその小屋のあたりでスズキを釣り、食べられる草を探し、鴨の巣から卵を取る。ゴミとして捨てられていた缶詰の缶を鍋のような形にして料理して食べる。

とろりとした卵の黄身に塩を振って、パンにつけて食べる様子が本当においしそうで、子供の頃「いいなあ」と憧れたのだが、あまりにも素朴な料理すぎて、小説の中には出せなかった。また鴨の卵はそう簡単に用意できない。

大学時代、ドイツに留学されたという、倫理学の老教授が、「『家なき娘』『家なき子』『小公女』『小公子』を読みなさい。あれは子供のための本のようでいて、実は、あの時代のヨーロッパのことがよくわかるようになるから」とおっしゃった。

すでに、自宅にある「少年少女世界の名作文学」（小学館）ですべて読んでいたが、いつもおいしそうな食べ物や贅沢なおもちゃ、調度品にばかり目がいってしまって、その視点を持ったことはなかったな、と反省した。

確かに、『家なき娘』を読み返してみれば、そこには、産業革命後、貧富の差が大きく広がり、幼い少年少女たちが劣悪な環境で働いていたことがよくわかる。『小公女』や『小公子』では、当時のイギリスのインド支配が、物語に暗い影を落としている。

ペリーヌは母親ゆずりの語学力を活かして社長である祖父に近づくことができ、ラストは工場の環境改善にも携わる、シンデレラストーリーになっている。でも今の私からすると、まわりの少女たちが疲れ切ってその日暮らしになんの疑問も持たず熟睡する中、「ぜんぜんお金が残らないわ」といち早く気づいた、彼女の知性や未来を予測できる力の方が語学力より大切なように思う。一方、同じ部屋で明日をも知れず、こんこんと眠る少女たちとの差に、どこか残酷さも覚えるのだ。

原田ひ香（はらだ・ひか）

1970年神奈川県生まれ。2005年に「リトルプリンセス2号」で第34回NHK創作ラジオドラマ大賞を受賞。2007年「はじまらないティータイム」で第31回すばる文学賞を受賞しデビュー。著書に『ランチ酒』『東京ロンダリング』『母親ウエスタン』『彼女の家計簿』『三人屋』『彼女たちが眠る家』『ラジオ・ガガガ』『三千円の使いかた』『口福のレシピ』『DRY』『古本食堂』『財布は踊る』『定食屋「雑」』『古本食堂 新装開店』『その復讐、お預かりします』など多数。

ペリーヌの卵とパン

原田ひ香

自然薯

平松洋子

長野・松本へ向けてクルマで移動中、休憩がてら道の駅に寄った。地元で採れた野菜売り場を見ると、隅のほうに長さ五十センチほどの棒が四、五本、積んである。ゴワッと乾いた薄茶色の皮。うっすらと土がへばりつき、細いヒゲ根がところどころに生えている。長芋だった。

とっさに手が伸びた。土中から掘り出したばかりの風情に惹かれ、スーツケースに収めて持ち帰れると判断した。果たして、駐車場に戻ってスーツケースに入れてみると、新聞紙で包んだ長芋は涼しい顔でぴたりと収まる。

クルマが再び走り出した。同行の女性編集者から「意表を突く買い物ですね」と言われ、とっさに私はこう応じたから自分でも驚いた。

「三浦哲郎の小説に『じねんじょ』という短篇があるんです。とうに死んだと思っていた父親に、娘がフルーツパーラーで初めて会ってすぐ別れる、ただそれだけの話。父が、別れ際に手渡すのが自然薯なんですよ」

つるりと飛び出た「三浦哲郎」「じねんじょ」「短篇」。読んでから二十年は経っているし、最近とくに思い出すこともなかったのに。

「父娘が再会する以外、なにが起こるわけでもない短い小説です。ただ、父親の骨張った手に握られた自然薯がいつまでも心に残る。長芋や山芋を摺り下ろしているときなんか、この短篇をぱっと思い出すことがあって」

へえ、ぜひ読んでみたい、と女性編集者は応じながらスマートフォンでなにやら調べ、「あ、川端賞の受賞作なんですね」と言った。

旅から戻った翌日、「じねんじょ」が収録された新潮文庫『みちづれ』を書棚から取り出す。もう何度も読んでいるのに、フルーツパーラーで緑色のクリームソーダを飲みながら、父が語りかける言葉に胸が詰まる。

「怨みでもあらば、なんでも喋れや。」

けれど娘は言葉を見つけられず、ふたりは無言のまま向かい合い、刹那《せつな》、「全体が油紙に包まれていて、麻紐で螺旋状にしばってある」「ステッキのような」自然薯が、父の手から娘の手へ渡る。摺り下ろせば、白い餅のようにねっとりと粘る自然薯。「ま、二人で麦とろにでもして食ってけれ。」と声を掛ける男のまならうらには、別れて久しい女の顔が浮かんでいるだろう。

三浦哲郎が遺した百をゆうに超える短篇のなか、「じねんじょ」は密やかに発光し続ける。

平松洋子（ひらまつ・ようこ）

1958年岡山県生まれ。東京女子大学文理学部卒業。食文化や暮らし、文芸をテーマに執筆活動を行う。2006年に『買えない味』で第16回Bunkamuraドゥマゴ文学賞、2012年に『野蛮な読書』で第28回講談社エッセイ賞、2022年に『父のビスコ』で第73回読売文学賞（随筆・紀行賞）を受賞。著書に『肉とすっぽん』『おあげさん』『ルポ　筋肉と脂肪　アスリートに訊け』など多数。

自然薯

平松洋子

西瓜糖のない日々

藤野可織

『西瓜糖の日々』を読んだのは20年以上は前のことで、私の文庫本は黄ばんでぼろぼろだし、話の内容も忘れたが、私は西瓜糖を夢見続けている。それはこの小説に対する愛着や深い理解とは関係がない。単に西瓜糖こそが私の理想の甘いものであるにちがいないという、勝手な思い込みによるものである。私の理想の甘いもの、それは決して甘すぎてはいけない。はかなく溶けてしまうような甘さ、強烈なところのない甘さ、あきらめみたいな甘さ。食べている途中から甘さが苦痛になるのではなく、さいごまで幸福感とともに食べ終えることのできる甘さ。西瓜糖とは、そのような甘さの、薄いガラス片のような見た目の、かすかに冷たい、小さなお菓子だ。本のどこかにそう書かれていなかったか？

検索してみるとこの世には実際に西瓜糖というものが存在しており、それは西瓜の実をミキサーにかけてお鍋で煮詰めたものであるらしい。でもそれは私の正解ではない。そんな西瓜糖は私には甘すぎるに決まっている。仮にこの小説の西瓜糖が同じように作られているとしても、そのあとで強い西日にさらし、文庫本の表紙が色褪《いろあ》せるみたいに甘さを色褪せさせるという工程が続くはずだ。本のどこかにそんなことが書かれていなかったか？

ぜんぜん書かれていない。この小説は、アイデスと呼ばれる場所を中心とした小さなコミュニティの物語で、そこは「西瓜糖の世界」であるらしい。そこでは西瓜糖は、食品としてより建材や服地として存在感を放っている。橋とか個人宅である小屋とか窓は西瓜糖でできている。西瓜糖のドレスを着ている人もいる。食品としては、料理にかけるソースに使ったり、コーヒーにちょっと入れたりしているくらいだ。西瓜糖の世界の人々は、私たちが今生きている世界と思しきものの残骸を遠目に見ながら、それを敬遠し、暴力を過去のものとし、犠牲者を弔いつつしずかに暮らしている。そして、意外としっかりしたものを食べている。なにしろ断章のタイトルに「おいしいハム」というものがある。「ベイコン」もある。しかしハムやベーコンは、こっちにだってある。暴力も残骸も懸念も美しさも、書かれていることはたいていこっちにもある。西瓜糖だけが、私の西瓜糖だけがない。

先日、もしかしてこれは西瓜糖に近い何かである可能性はないか？　とスイカバーを買った。スイカバーは西瓜を模したアイスに種を模したチョコレートを配しているところが見た目としても味としても秀逸だ。でも半分ほど食べたところで、だめになった。甘さがもたらす透き通った幸福感はそこで終わった。それ以上食べると、舌が疲れ、いやな酸っぱさで口の中がいっぱいになるだろう。私は半分残ったスイカバーを流しに置いた。1時間ほどして見に行くと、溶けて棒だけになっていた。

藤野可織（ふじの・かおり）
1980年京都府生まれ。2006年に「いやしい鳥」で第103回文學界新人賞を受賞しデビュー。2013年に「爪と目」で第149回芥川賞、2014年に『おはなしして子ちゃん』で第2回フラウ文芸大賞を受賞。著書に『ファイナルガール』『ドレス』『ピエタとトランジ』『来世の記憶』『私は幽霊を見ない』『青木きららのちょっとした冒険』などがある。

西瓜糖のない日々

藤野可織

たくさんたくさん食べる

穂村　弘

「おいしそうな文学。」と云われて、山下翔の本を思い出した。第二歌集のその名も『meal』である。後書には「食べることがとにかく楽しみである。また、食べることをとおして、人と関わることが多かった。食べること抜きに人生というものを考えることはできない」と記されている。短歌の本とは思えない。そこまで徹底されると、なんだか面白くなってくる。

プラスチックのパックぱんぱんの焼きそばを両手で持つて運ぶたのしさ

食べるおいしさの前に「運ぶたのしさ」がある。「プラスチック」「パック」「ぱんぱん」と続くパ行音の連鎖が、大きく膨らんだ「焼きそば」への期待と響き合う。「両手」で大事に持っているところもいい。

お替りのごはんの量は「たくさん」と答へたりたくさんたくさん食べる

料理の質というか味を求める気持ちもわかるけど、その一方で、この歌のおおらかさには、ほっとさせられる。「たくさんたくさん食べる」が予想を超えていて、その真っ直ぐさに感銘を受けた。

十二月三十一日の風ぬけてうどんがうまい、いんげんがあまい

年越しの蕎麦《そば》ならぬ「うどん」の歌。「うどんがうまい、いんげんがあまい」の平仮名表記と韻の踏み方に本気感が宿っている。

そんな作者の自画像的な歌を一首。

百キロを超えなむとするわが体しづかに沈め湯を圧し出だす

やっぱり、そうなるだろうなあ。こんなにおいしそうにうれしそうに「たくさんたくさん食べる」をやっていたら。ちなみに、『meal』に先立って刊行された第一歌集は『温泉』である。

穂村 弘（ほむら・ひろし）

1962年北海道生まれ。歌人。1990年に歌集『シンジケート』でデビュー。短歌のみならず、評論、エッセイ、絵本翻訳など幅広い分野で活躍。2008年に短歌評論集『短歌の友人』で第19回伊藤整文学賞、連作「楽しい一日」で第44回短歌研究賞、2017年に『鳥肌が』で第33回講談社エッセイ賞、2018年に歌集『水中翼船炎上中』で第23回若山牧水賞を受賞。著書に『ラインマーカーズ』『手紙魔まみ、夏の引越し（ウサギ連れ）』『ぼくの短歌ノート』『彗星交叉点』『蛸足ノート』『迷子手帳』などがある。

雨と傘とサンドヰッチ

堀江敏幸

洋の東西にかかわらず、小説のなかでサンドイッチという単語が出てくるたびに不満を感じていた時期がある。具が明記されていないことが多いからだ。自分でこしらえたものでなく手土産に買ってきたような場合で、どこで作られたのかまで記してあるのに、なにが挟まれているのかはわからない。

たとえば太宰治の『斜陽』で「お母さま」が亡くなる直前、東京から最後の別れにやってきた和田の叔父が持ってきた手土産の「丸ノ内ホテルのサンドウヰッチ」。この状況でわざわざ持ってくるということは、「お母さま」がこの味を知っていて、叔父の目には彼女の好物として認識されているからだろう。舞台は敗戦直後の日本である。これから息を引き取る人が口にできるサンドイッチの中身はなんなのか。

漱石の『三四郎』に、「偉大なる暗闇」と称された広田先生のところへ、美禰子が大きな籃《バスケット》いっぱいにサンドイッチを用意してきてふるまう場面がある。この小説を読むたのしみのひとつは、闇のなかでかがやく座敷で展開される、いくらかの気まずさもただよう唐突な室内ピクニックの主役となったサンドイッチを、登場人物といっしょにこっそりつまむことなのだが、そのたびに具がなんなのか気にかかる。

『三四郎』が書かれたのは明治四十一年。その数年前に出た村井弦斎の『食道楽』にはさまざまなサンドイッチが紹介されていて、「賣つて居るサンドウイツチは大概ハムをパンの間へ挟んだのですが宅では色々のサンドウイツチを作ります、先づ手輕いのが玉子のサンドウイツチで湯煮た玉子を黄身も白身も一緒に裏漉しにして鹽を少しとバターとを好き程に混ぜて煉ります」（第二百十三）とあるので、美禰子が自分でつくったのかどうかは定かではないけれど、「玉子サンド」は入っていたのではないか。もっとも、具がはっきりしないからこそ味や舌触りの想像がふくらむのだと言えなくもない。

これまで幾度も頭のなかで美禰子のサンドイッチを食したあと、やはりこちらかなと思い直したのは、おなじ漱石の『道草』（大正四年）で、手もと不如意の時期に健三が昼食を節約するために外で買い、雨のなか、傘を差して公園を歩きながら食べる「サンドキッチ」だ。「斜に吹きかける雨を片々の手に持った傘で防けつゝ、片々の手で薄く切つた肉と麵麭を何度にも頰張るのが非常に苦しかつた」（五十九章）。

あえて望んだかのような不自由な状況下での、殺伐としたこの食べ方は、すでに幾度か反復されたものではないかという印象を受ける。こういうちょっと粗野な囓り方でなければ出てこない味があるのではないか。夏の猛暑がやわらいだら、私も雨の日の公園で傘を差して、道草しながらハムかローストビーフのサンドヰッチを片手で食してみたい。

堀江敏幸（ほりえ・としゆき）

1964年岐阜県生まれ。1999年に『おぱらばん』で第12回三島由紀夫賞、2001年に「熊の敷石」で第124回芥川賞、2003年に「スタンス・ドット」で第29回川端康成文学賞、2004年に同作収録の『雪沼とその周辺』で第40回谷崎潤一郎賞、第8回木山捷平文学賞、2006年に『河岸忘日抄』、2010年に『正弦曲線』で第57回・第61回読売文学賞（小説賞、随筆・紀行賞）、2012年に『なずな』で第23回伊藤整文学賞、2016年に『その姿の消し方』で第69回野間文芸賞を受賞。著書に、『郊外へ』『書かれる手』『いつか王子駅で』『めぐらし屋』『バン・マリーへの手紙』『アイロンと朝の詩人　回送電車Ⅲ』『未見坂』『彼女のいる背表紙』『燃焼のための習作』『音の糸』『曇天記』『オールドレンズの神のもとで』など多数。

ＢＩＧ揚げせんいか＆みりん

益田ミリ

食べたいけれど自分で買ってまでは食べないお菓子、というのが人にはあるのではないか。わたしにとってのソレは甘辛味の揚げせんべいであった。

スーパーのお菓子売り場で目にするたびに、食べたい、と思う。しかしながら、そういうものは概して大袋に入って売られており、自分専用のお菓子としてはちと多い。

甘辛味の揚げせんべい。醤油とみりんで味付けされた素朴なお茶請け。好きだ。ひとつふたつだけ食べたい。前回食べたのはいつだったか。

津村記久子さんの小説『この世にたやすい仕事はない』に出てくる「ＢＩＧ揚げせんいか＆みりん」は、だから相当好きなタイプのせんべいだと思う。手のひらサイズほどあり、お好み焼きソースやマヨネーズをかけてアレンジできるそうだ。

揚げせんにマヨネーズ……。おいしいに決まっているじゃないか。わたしは「ＢＩＧ揚げせんいか&みりん」にマヨネーズをかけたやつを脳内で味わいつつ物語に入っていった。

一風変った仕事を転々とする主人公である。「ＢＩＧ揚げせんいか&みりん」の製造元で働く前は、バスの車内アナウンスを考える仕事で、さらにその前は一人暮らしの小説家を隠しカメラで見張る仕事だった。

今回のせんべい製造元では、せんべいの袋に印刷する豆知識を考える仕事である。商品ごとに豆知識シリーズは異なり、「ＢＩＧ揚げせんいか&みりん」は〈世界の謎〉だが、「薄焼き納豆&チーズ」は〈日本の毒のある植物〉だ。ちなみに「薄焼き納豆&チーズ」の姉妹品は「薄焼き納豆&チーズプラスわさび」なのだが、主人公が訳あり品を自宅に持って帰ると、「売ってる時期とそうじゃない時期があるのよ！」と母親が大喜びするほどおいしいらしかった。

食べたい。この店のせんべい、全部。されど、これらは作者の津村さんが考えた架空のせんべいである。「ＢＩＧ揚げせんいか&みりん」も「薄焼き納豆&チーズプラスわさび」も、わたしは永遠に食べることができない。それには清々しさもあった。巨万の富を手に入れた人も小説のせんべいは食べられない。誰もが等しく物語の中でしか出会えないのである。

益田ミリ（ますだ・みり）

1969年大阪府生まれ。イラストレーター。2024年に『ツユクサナツコの一生』で第28回手塚治虫文化賞短編賞を受賞。著書として、漫画に『すーちゃん』『ランチの時間』『今日の人生』『僕の姉ちゃん』『こはる日記』『泣き虫チエ子さん』『ヒトミさんの恋』、エッセイ集に『東京あたふた族』『小さいわたし』『永遠のおでかけ』『小さいコトが気になります』『近くも遠くもゆるり旅』などがある。

BIG揚げせんいか&みりん

益田ミリ

心の飯

町田　康

昔、用があって京へ参った際、同行した人が、「京に参った以上はそれらしいものを食したい。そして土産を買って帰りたい」と、そんなことを言い、言うだけではなく実際に、八つ橋や千枚漬けを買おうとするのでむかついて、持っていた、汚ならしい木の棒でどつき回した。俺はその頃、そんなことをする奴はダメだ、と思っていた。

　今も少しは思っていて、さすがに木の棒でどついたりはしないが、少なくとも自分は用があって知らないところに行っても、土地の名物などはどんなことがあっても口にしないようにしている。

　俺はそういう阿呆だから大江健三郎の「父よ、あなたはどこへ行くのか?」という小説のぎりぎりの肝要のところをよく理解できないでいるが、好きで何度も何度も読み返している。それは好きな表現や好きな場面がよう山あるからである。なかでも特に好きなのが、父の真似をして「オックス・テイル・シチュー」を拵えるところである。

ここのところがなんでそんなによいのかわからないのだけれども、思いを馳せながら作って腐って、最後、塵芥桶《じんかいおけ》にあけられるところまでの一連をげっさ好いように感じていた。

それとはまた違う感じで好きなのは西村賢太の小説に出てくる飯の場面で、ペラペラの小説の中でペラペラの登場人物が、文学的な意味がないまま、洒落くさい態度で洒落くさいものを食っているのを読むと、走って行き、木の棒でどつき回したくなるのだが、もちろん北町貫多はそんなものは食さず、昔、街中によう山あった大衆食堂で供されるようなものばかり食し、名物や逸品、作者の気取り・虚栄から漂うぎゃらしい腐臭、がなくて心が安らぐ。

とりわけ好きなのは北町貫多が昼間に行って旨いと感じた中華料理店から、蟹炒飯、焼きソバ、八宝菜、五目うま煮、麻婆豆腐、春巻、餃子の七品を出前に取って秋恵と共に食す場面において、その際、麻婆豆腐が苦手、と語って手を付けなかった秋恵に貫多

が言う科白《せりふ》で、この時、貫多は、

「ぼくなんざ、あれを麺の上にかけて、もっと血便みたいにビチャビチャになったやつを、週に一度はすすってみたいもんだがな」

と言う。科白が、ぼくなんざ、と芝居じみるのは西村賢太のいつもの感じだし、露悪的なのもそうなのだけれども、それにしたって食べ物を喩えるのに、こういう言い方をするのは普通は思いつかない。だけど無心にこれを見ればそういう風に見えるのが本当なのだろうし、そう思うと、「週に一度は」という言い方も「すすってみたい」という言い方にも、俺らのなかのカスみたいな良識と本当の間にある距離を行ったり来たりすることによって脳に湧く、おもろさ、がある様に感じられる。それを邪魔するのはやっぱし旅に行って食う名物よ。小説は心の旅よ。そんなことを思い木の棒で自分を殴る。アホか？　アホや。

町田 康（まちだ・こう）
1962年大阪府生まれ。1997年に『くっすん大黒』で第7回Bunkamuraドゥマゴ文学賞と第19回野間文芸新人賞、2000年に「きれぎれ」で第123回芥川賞、2001年に『土間の四十八滝』で第9回萩原朔太郎賞、2002年に「権現の踊り子」で第28回川端康成文学賞、2005年に『告白』で第41回谷崎潤一郎賞、2008年に『宿屋めぐり』で第61回野間文芸賞を受賞。著書に「猫にかまけて」シリーズ、「スピンク日記」シリーズ、『ホサナ』『ギケイキ』『男の愛　たびだちの詩』『口訳古事記』『入門山頭火』『くるぶし』（歌集）など多数。

台湾、母娘三代の食をめぐる記憶

三浦裕子

美食の島、台湾。美味しいものをテーマにした文学作品もあまた書かれ、この数年は日本でも翻訳が出るようになった。中でも私が好きな一冊が、洪愛珠《ホンアイジュ》のエッセイ集『オールド台湾食卓記――祖母、母、私の行きつけの店』(新井一二三訳、筑摩書房)だ。

コロナ流行真っ最中の2021年、本書原書が台湾で大きな話題になっていることに気がついた。『老派少女購物路線(古典派少女の買物路線)』という原題と、赤一面の真ん中に桃まんじゅうが一つドンとのった、シンプルで力強いカバーデザインに惹かれ、取り寄せて読み始めた。

本書は、祖母から著者へとつながる食いしんぼう母娘三代の、食と家族の記憶を綴る作品だ。読み進めていくうち、原書での表題作「老派少女購物路線(日本語版では「母娘三代の買物案内」)」に、胸を鷲摑《わしづか》みにされた。

　台北郊外の下町で商売を営む一族に生まれた著者は、大家族の食を切り盛りする祖母と母の薫陶を受けて育つ。小さい頃は祖母や母のお供で、台湾中から食材の集まる大稲《ダーダオ》埕《チョン》へ買い出しに。薬草店「滋生」のスタンドで涼茶を飲み、行きつけの老舗各店で宴会用の高級食材を買い揃《そろ》え、伝統菓子店「龍月堂」で緑豆糕や塩梅糕などの〝お嬢さん菓子〟を購入した後、「意麵王」の汁なしあえそばと、トッピング全部乗せかき氷「紅麦《ホンマイ》布牛《ブーニウ》」でひと休み。

　日本人旅行者も必ずと言っていいほど訪れる大稲埕周辺。食に通じた地元民はこんなふうに回っているのか、ということも興味深かった。だが何よりこの短い一篇に、ローカルの食べ物のディテール、買い出し時の高揚感や緊張感、そして祖母や母への愛おしさや敬意が、タイトル通り少し古風な文体、簡潔さと細やかさが同居する筆致で描き出されていることに感激した。

　著者の本業はグラフィックデザイナーで、驚くことに本書が初めての文筆活動だそうだ。著者は母の介護にあたる間、家族の思い出を文章に書き記していくことで、崩れ落ちそうな自分を必死に支えたのだと言う。「老派少女購物路線」の中でも、気が塞いだ著者が、市場の活気とそこにあふれる匂いで生きる気力を取り戻す描写があるが、著者が食べ物と家族への思いを綴る本書の文章は、読む者の心を潤す力がある。

もう一つ好きなのは、交際するかもしれない男性との相性を見極めた場所が、地元の下町・蘆洲《ルージョウ》で家族が行きつけの庶民的な麺店だった、というくだりだ。著者は、赤ん坊の成長のお祝いに紐で首にかけるクッキー「収涎餅《ショウシエンビン》（涎餅《よだれもち》こと鹹光餅）」の紹介で、「今の時代に子どもを産んで育てることは、涎餅を買うより余程難しい」と書きながら、その後、麺店で見極めた男性と結婚し、本書の刊行後には「食いしんぼう母娘四代目」の母となった。食で家族を見送り、食をきっかけに新しい家族ができた。著者がこれから記す「美味しいものと愛する家族の話」を読むのを楽しみにしている。

台湾、母娘三代の食をめぐる記憶

三浦裕子

三浦裕子（みうら・ゆうこ）

仙台生まれ。早稲田大学第一文学部卒業。出版社にて雑誌編集、国際版権業務に従事した後、2018年より、台湾・香港の本を日本に紹介するユニット「太台本屋 tai-tai books」に参加。出版、映画まわりの翻訳、記事執筆、版権コーディネートなどを行う。訳書に『リングサイド』（林育徳）、『シャーロック・ホームズの大追跡』（ライ・ホー）、『台湾漫遊鉄道のふたり』（楊双子）などがある。

二百グラムのパン

宮内悠介

小説作品に出てくる通常の意味での「おいしそうな」ごはんに関心を持つことはあまりない。性描写と同じくらい不要なものと感じる。小説ではないけれど、『孤独のグルメ』で好きなのはさまざまな状況における井之頭五郎のリアクションで、実際に彼が食べている料理の味を想像したりすることはない。

それでも忘れられない描写というのはあって、それは高見順の日記に出てくる戦時中の酒であったり、あるいは、これを「おいしそう」というのはかなりはばかられるのだけれど、『夜と霧』に出てくる薄いスープがそうであったりする。ほかには、漫画の『ＡＫＩＲＡ』に登場した「人工サンマ」も忘れがたい。そういえば、大戦中の家庭のごはんを試しに作ってみたりしたこともある。

だから傾向としては、日常的ではない、ディストピア的な状況に紐づけられた食に惹かれていることになる。身も蓋もないことを言うならば、飢えた経験がないからだろう。辺見庸の『もの食う人びと』で言うところの、「長年の飽食に慣れ、わがまま放題で、忘れっぽく、気力に欠け、万事に無感動気味の、だらりぶら下がった、舌と胃袋」というやつだ。そういう舌と胃袋が、無神経に、戦時中のレシピとかを求めているのだろうと思う。

それでもやっぱり、戦時中にこっそり飲む酒とかは、それはもううまかったに違いないわけで、当時の人には申し訳ないけれど、惹かれないと言えば嘘になる。こういう「不自由な状況下の飲食」をめぐる系譜があるのも確かだろう。映画の『南極料理人』とかはそうだろうし、深緑野分さんの『戦場のコックたち』もこの線上に置けるかもしれない。

もし一冊挙げるのであれば、ソルジェニーツィンの『イワン・デニーソヴィチの一日』を選びたい。旧ソ連、スターリン時代の強制収容所を描いたこの本は、妙にあっけらかんとした雰囲気を宿しつつも、やはり飢えと食欲に全体を貫かれている。ひとかけらのパンを味わうのに、念入りに一ページを費やしたりもする。その意味では、こう呼んで許されるものかわからないのだけれど、これ以上ないくらい「おいしそうな」小説でもあるのだ。以下、一部引用してみる。

「食べるときには、食べ物のことだけ考えればいいのだ。つまり、今、このちっぽけなパンをかじっているように。先ずちょっぴりかじったら、舌の先でこねまわし、両の頬でしぼるようにするんだ。そうすりゃ、この黒パンのこうばしさよ。シューホフはこの八年、いや、足かけ九年、なにを食ってきた？　ろくなものじゃない。じゃ、胸につかえるか？　とんでもない！／こうしてシューホフが二百グラムのパンに専念していたとき、そのそばには第一〇四班全員がやはり腰をおろしていた」（木村浩訳、新潮文庫）

ここに無駄な表現はないと思う。それはもちろん飢えが背景にあるからで、この視点に立ってしまうと、食を描くのは相当に難しいことになる。

宮内悠介（みやうち・ゆうすけ）

１９７９年東京都生まれ。１９９２年までニューヨーク在住。早稲田大学第一文学部卒業。２０１０年に短編「盤上の夜」で第１回創元ＳＦ短編賞選考委員特別賞（山田正紀賞）を受賞。２０１２年に連作短編集『盤上の夜』として刊行しデビュー、同作で第33回日本ＳＦ大賞を受賞。２０１４年に『ヨハネスブルグの天使たち』で第34回日本ＳＦ大賞特別賞、２０１７年に『彼女がエスパーだったころ』で第38回吉川英治文学新人賞、『カブールの園』で第30回三島由紀夫賞、２０１８年に『あとは野となれ大和撫子』で第49回星雲賞（日本長編部門）、２０２０年に『遠い他国でひょんと死ぬるや』で第70回芸術選奨文部科学大臣新人賞、２０２４年に短編「ディオニソス計画」で第77回日本推理作家協会賞（短編部門）、『ラウリ・クースクを探して』で第11回高校生直木賞、第４回加賀乙彦顕彰特別文学賞を受賞。著書に『国歌を作った男』『暗号の子』など多数。

二百グラムのパン

宮内悠介

チー坊効果

宮崎純一

朝倉かすみ『平場の月』は五十年を生き、再会した男女の物語です。タイトルにある〝平場〟という言葉は、ごく一般的な人々のいる場という意味。

わたしには本作で平場に生きることを感じる、好きなところがふたつあります。ひとつは登場人物の台詞の言い回しに弾力があること。わたし自身が同年代ということもあって、ちょっと説明が足りないくらいがリアルでよく、詮無いことが多いのもすんなり沁《し》みます。

そしてもうひとつ、食べるシーンが圧倒的に多くて、その描写が細かいのです。散髪を終えて、駅前のスーパーで買った二割引の天丼が、海老やカボチャや白身魚の天ぷらに甘じょっぱそうなタレがかかっていてうまそうだったり、時に病にいいように味噌汁の実がキャベツだったり、時に認知症の母への見舞いに箱買いしたネクターの一本ずつに名前が書いてあったりする。当たり前ですが人は気分がいい時も、憂鬱《ゆううつ》な時も、リセットしてやり直すぞという時だって、やっぱりいまここで食べることで生きています。

主人公青砥《あおと》は地元に戻り離婚したあと偶然に中学時代の同級生須藤《すどう》と再会します。検査で行った病院の売店で、不安を押しやるべく助六を手に取り並んだレジに彼女はいました。公園のベンチに並んで腰を下ろして、青砥はいなり寿司をあむりとやって、須藤はチチャスのミルクコーヒーを飲みながら話します。

「念のため」の検査のいやな予感。あられもなくウジウジする青砥に須藤はミルクコーヒーのボトルに描かれたこどものイラストを見せて言います。

「これ、可愛くない？　チー坊っていうんだけど」

「仕事が終わって、自販機でガチャコンってミルクコーヒー買って、飲みながら家までぶらぶら歩いて帰るんだ。甘みが喉を通っていって、よそん家《ち》の洗濯物や、自分の影や、空の具合や、風の行き先や、可愛いチー坊を眺めると、ちょうどよくしあわせなんだ」

チー坊効果

宮崎純一

公園では、幼児がブランコを漕いでいて、そばで同じ歳格好のふたりが順番を待っています。少し離れて母親がいて、蝉の声がして、道路工事の騒音が遠くから響いて、時々弱い風が吹く。そんななか、青砥は須藤のどうでもいい話を聞き、弁当を食べている。
「おれも、まぁ、そんなような感じっちゃ感じだ、いま」

わたしにとっておいしいとはちょうどよいしあわせをもたらすチー坊効果みたいなものかと思います。

北信州の村の古い家に暮らすようになったいまのわたしは、夕時の風に吹かれて庭の畑に立つ折に、似たような感覚を覚えます。畝《うね》は草に埋もれていて、なにが何やらわからぬようでもあるのだけれど、根が張って、微生物やら昆虫やらがいっぱいの土は、ずっと心にかけて願っていたものでした。縁側に目をやると妻と三匹のキジトラが戯れています。形を残すことよりも、この古い家も畑の土も猫たちも、一緒に暮らして遊んで死んでいくと思えば、なにか開けていくような気がします。

ここに辿り着いたのだから「いいんじゃないか、これで」。いつだって食べて、育てて、生きていく。チー坊効果は、久しくとどまりたるためしなし、なのです。

宮崎純一（みやざき・じゅんいち）

1972年石川県生まれ。フードフォトグラファー。南山大学卒業。東京で撮影キャリアを重ね、現在は長野県在住。The 2018 Gourmand World Cookbook Awards（世界料理本大賞）Best Photography部門準グランプリ受賞。現代の日本を構成する人たちの肖像を写し出す、公募による写真アワードPortrait of Japan 2021入賞。日本各地の篤農家、漁師、畜産家、お皿の向こう側の肖像を10年間にわたり撮影し続けている。

ウサギの心臓

山崎佳代子

ステヴァン・トンティッチの散文集『君の心臓、ウサギ』(Stevan Tontić, Tvoje srce, zeko: Beograd, 1998) は、ユーゴスラビア内戦下のサラエボが舞台。民族紛争の悲劇から生まれた。主人公はセルビア人の詩人ディミトリエと妻イェレナ。

「薄闇に現れた男」は、瑞々《みずみず》しい果実と美酒に香るお話。秋の黄昏《たそがれ》、旧友ムイツァが訪ねてきた。彼のあだ名は「酔わせ屋」、お土産は庭でとれたふたつの林檎《りんご》だ。よく来たなあ、おかみさんのミーカも子供も元気かい、とディミトリエは大喜びだ。ムイツァはムスリム人、妻はセルビア人で、近くの村で農業を営む。いったい、終わるのかな、とディミトリエが問うと、命あるものには終わりがあるからな、悪にも終わりが来るさ、とムイツァは答えた。二人は、20年以上も前に軍隊で知り合った。徴兵制度があったころ、多民族国家が平和だった時代だ。

何もおもてなしできない、と嘆いていたイェレナが、どこからかアルバニア産のコニャックを出してきた。ディミトリエもムイツァも歓声を上げる。これはすごい、最高だ、乾杯、乾杯、命さえあれば、と盃を重ねた。夜は更けていく。窓のカーテンをそっと開けると、戒厳令下の町は闇に沈んでいる。ムイツァは帰らなくてはならない。懐中電灯を貸そう、とディミトリエ。いらないよ、誰にも見られないほうがいい、と言って、夜の闇に消えた。林檎と笑顔を携えて現れ、語り合い、酒を酌み交わして、妖精に連れ去られたのだな、とディミトリエが呟く。イェレナは言った。コニャックはね、ムイツァが持ってきてくれたのだけど、黙っていろよと、口止めされたの……。

表題となった作品「君の心臓、ウサギ」は、1992年11月のお話。戦時下の外出は危険だ。だがディミトリエは市場に出かけ、屋台を巡る。妻の月給がわずか3ドイツ・マルク、月に約300円の時代だ。植物油1リットル25マルク、コーヒー豆1キロは40マルクから50マルク、ウイスキーは50マルクから70マルク。援助物資の缶詰、煙草の葉、怪しげなビール。どれも高価だ。国は崩壊、外貨が闇を支配する。毛皮を剝がれビニールに包まれたウサギが一匹、100マルク……。

ディミトリエは、戦争の前の出来事を思い出した。ある晩のこと、森の道でウサギを車で轢《ひ》いてしまう。翌日、イェレナが前足を負傷したウサギを籠に入れ、獣医学部の教室を訪ねると、教授は言った。「昔からよく知られていることだがね、ウサギ一匹の傷の治療など、全く無意味だ」と。彼女は籠のウサギを教室に残し、獣医たちの手に小さな命を委ねた……。

屋台の命のないウサギに、ディミトリエは囁く。「君の心臓は、なんと弱くなんと優しい」。誰がウサギの肉を食べたのだろう。戦争の時代に、一番安いものは人間だ。飢餓、迫撃砲、憎悪、恐怖……。詩人の眼差しは、名もなき小さなものに注がれる。コニャックと林檎の香に、酔いしれた。

山崎佳代子（やまさき・かよこ）

1956年石川県生まれ、静岡市育ち。詩人、翻訳家。北海道大学文学部卒業。サラエボ大学文学部、リュブリャナ民謡研究所留学を経て、1981年よりセルビア共和国ベオグラード市在住。ベオグラード大学文学部にて博士号取得（比較文学）。2015年に『ベオグラード日誌』で第66回読売文学賞（随筆・紀行賞）、2019年に『パンと野いちご　戦火セルビア、食物の記憶』で第29回紫式部文学賞を受賞のほか、セルビアでも多くの賞を受賞。著書として、『戦争と子ども』『ドナウ、小さな水の旅　ベオグラード発』、詩集に『黙然をりて』『みをはやみ』『海にいったらいい』、訳書に『若き日の哀しみ』『死者の百科事典』（ともにダニロ・キシュ）などがある。

初出　「群像」２０２４年10月号
「一〇〇年前の台所」（粥川すず）は、描き下ろしです。

おいしそうな文学《ぶんがく》。

2025年2月25日　第1刷発行

編者　群像編集部《ぐんぞうへんしゅうぶ》
発行者　篠木和久

発行所　株式会社講談社
〒112-8001
東京都文京区音羽2-12-21
電話　出版　03-5395-3504
販売　03-5395-5817
業務　03-5395-3615

KODANSHA

本文データ制作　講談社デジタル製作
印刷所　株式会社KPSプロダクツ
製本所　株式会社国宝社

ISBN 978-4-06-538442-8　N.D.C. 914　126p　18cm